数字经济

产业变革与技术赋能

许晓峰◎著

中国铁道出版社有限公司
CHINA RAILWAY PUBLISHING HOUSE CO., LTD.

图书在版编目（CIP）数据

数字经济：产业变革与技术赋能 / 许晓峰著.

北京：中国铁道出版社有限公司，2024. 12. -- ISBN 978-7-113-31593-1

Ⅰ. F49

中国国家版本馆CIP数据核字第202449SZ62号

书　　名：**数字经济——产业变革与技术赋能**
　　　　　SHUZI JINGJI: CHANYE BIANGE YU JISHU FUNENG

作　　者：许晓峰

责任编辑：奚　源　　　　　　　　　编辑部电话：（010）51873005
封面设计：宿　萌
责任校对：苗　丹
责任印制：赵星辰

出版发行：中国铁道出版社有限公司（100054，北京市西城区右安门西街8号）
网　　址：https://www.tdpress.com
印　　刷：河北燕山印务有限公司
版　　次：2024 年 12 月第 1 版　2024 年 12 月第 1 次印刷
开　　本：710 mm×1 000 mm　1/16　印张：12.5　字数：150 千
书　　号：ISBN 978-7-113-31593-1
定　　价：68.00元

前　言

近几年，数字化浪潮席卷全球，给经济的发展带来新的机遇和挑战。在这样的形势下，我国紧抓机遇、直面挑战，大力发展数字经济，推动数字技术创新，构筑数字经济内生动力。我国已经进入数字经济时代，数字化渗透城市、乡村的诸多方面，智慧城市、智慧农村建设进程加快，产业数字化转型全面加速。

数字技术是数字经济的底层支撑，数字技术创新推动了数字经济和实体经济融合，实体经济的质量和竞争力得以提升，数字经济的落地场景更多，释放经济增长全新活力。以互联网、数字孪生、云计算等为代表的数字技术推动了数字基础设施建设，我国新一代通信网络基础设施、算力基础设施等数字基础设施朝着云网融合、智能敏捷的方向高速发展，千兆光网、算力总规模等方面在国际上占据领先地位。

数字经济具有创新性强、覆盖面广、渗透性强的特点。数字经济时代，数据价值凸显，成为与土地、劳动力、资本、技术并列的第五大生产要素，能够推动数字经济深化发展。数据要素从资源向资产化过渡，数据要素市场化流通，为数字经济背景下企业数字化、网络化、智能化发展奠定基础。

数据要素市场主要包括数据存储计算、数据采集、数据治理、数据分析应用、数据价值流通、新型基础设施和数据生态保障七大板块，能够激活数据要素潜能，充分释放数据要素价值，促进数据要素流动和数据资源优化配置。在数字经济时代，个体和组织都是数据生产者，也是数据使用者和受益者，数字经济中的全体参与者都可以共享经济发展红利。

如今，全球数字经济发展势头迅猛，各国核心技术研发速度加快、成果频出。但是，随着实践的深入，全球数字经济也面临一些新的问题，如数据跨境、数据产权保护、数据隐私泄露、数据背后价值观的碰撞等，给产业发展、社会稳定、国家安全带来很多风险。我国大力推动数据资源价值共享、数字技术向善，致力于构建全球经济共同体，为全球数据安全治理和经济发展作出更大的贡献。

本书通俗易懂、内容翔实，由浅入深地讲解数字经济相关知识，能够帮助读者对数字经济建立全面、系统的认知。相较于市面上已有的数字经济相关书籍，本书在一些方面进行了创新，例如，讲解了数字时代新型基础设施、数据和计算的互联网、隐私安全计算对数据匿名化的重要价值等方面的知识，向读者展现 IoDC、AIGC 等新业态，帮助读者全方位、多角度地了解数字经济，把握数字经济带来的机遇。

著　者

2024 年 9 月

目　录

上篇
数字经济引爆新时代红利

下篇

数字经济激发产业变革活力

上篇

数字经济引爆
新时代红利

本篇展开了数字经济的五大核心篇章——认知觉醒、底层基建、动力解析、变革创新、前景展望。首先，"认知觉醒"部分深刻剖析了数字经济时代对传统经济观念的颠覆性影响，引导读者重新认识并把握这一新兴经济形态的本质。随后，"底层基建"深入探讨了支撑数字经济蓬勃发展的关键技术，如云计算、大数据、人工智能等，揭示了其作为数字经济坚实地基的重要性。接着，"动力解析"则系统梳理了数字经济的构成要素与运行逻辑，为理解其复杂体系提供了清晰的脉络。进而，"变革创新"强调了数字经济驱动下的产业变革与模式创新，展现了其无限的活力与潜力。最后，"前景展望"部分以宏观视角展望了数字经济的未来发展趋势，描绘了其引领全球经济新增长极的宏伟蓝图。

第1章

认知觉醒：
数字经济究竟是什么

随着数字技术的发展，全球经济的数字化特征越来越明显，人类社会进入数字经济新时代。数字经济是继农业经济、工业经济之后的一种全新的经济形态，能够降低社会交易综合成本、优化资源配置，推动社会发展，增进人民福祉，给企业带来诸多发展机遇。对于数字经济，企业应树立正确的认知，积极迎接其带来的挑战，促进数字经济生态体系完善。

1.1 走近数字经济

数字经济时代已经来临，对于企业来说，积极拥抱数字经济不是可选项而是必选项。想要更好顺应数字经济时代潮流，企业就要了解数据流通原则、数字经济的特征及类型、全球数字经济发展情况，并在数字经济领域深入探索。下面对这些内容进行深入讲解。

1.1.1 数据流通原则：不共享原始数据，共享数据的价值

数字经济时代，数据成为一种新型的生产要素。数据具有经济学和非经济学特征，具体如下：

1. 数据的经济学特征

（1）虚拟性。数据是一种虚拟的、非物质化的商品。

（2）非竞争性。数据不会因为正在被一个经济体消费而减少市场上这项商品的总存量。

（3）高昂的固定成本和低廉的可变成本。首次收集、整合数据和建设数据处理流程的成本通常很高，但是一旦生成可用数据，复制成本非常低。

（4）外连性。数据的价值往往取决于数据集本身之外的因素。它可能取决于使用时间、使用目的、数据所连接的其他数据集等。数据的价值具有天然的"网络效应"。

（5）生成性。数据价值的释放依赖于多元化数据的碰撞、融合和共享流通，

数据被使用才会产生价值。

2. 数据的非经济学特征

（1）隐私性。数据背后往往隐藏着消费者的隐私，如消费者的姓名、年龄、职业、联系方式、家庭住址、财产状况等。

（2）合规性。合规是数据资源发挥价值的先决条件。具体来说，数据处理和使用要符合相关法律法规，确保数据具有安全性、完整性，且遵循行业准则。

（3）机密性。一些企业数据就像知识产权一样，是商业机密，受到严格保护，仅允许获得授权的用户访问和使用。

数据的价值毋庸置疑，但是数据安全、个人隐私保护等因素引发的数据孤岛问题限制了数据价值的挖掘和释放。基于数据拥有的经济学和非经济学特征，一个可以有效解决数据孤岛问题的方法是：不共享原始数据，共享数据的价值。这同样也是数字经济时代社会运转的核心原则。

这是数据流通的原则，即在没有保护机制、没有控制机制的情况下，不能共享原始数据。尤其是一些特定的数据，如企业的研发数据、个人隐私数据等。在不受控制的情况下共享原始数据，数据会被滥用，数据所有者无法得到应有的回报，商业机密也可能因此被泄露。

虽然原始数据不能共享，但是基于隐私安全计算等技术，数据的价值可以实现最大化共享。不同来源、不同类型的数据融合起来，会产生"1+1 > 2"的效果，数据的价值能够充分释放出来。事实上，很多需求方对数据共享的需求，其实是想要共享数据的价值。

1.1.2 数字经济的特征及类型

数字经济是信息技术和数字技术快速发展的产物，是指以数字化为核心、以数据资源为关键生产要素、以现代通信网络为重要载体、以信息技术的有效使用为效率提升和经济结构优化的重要推动力的一系列经济活动。简而言之，数字经济就是基于数字技术和数据资源进行价值创造的经济活动。

1. 数字经济的特征

数字经济具有三个特征，如图 1.1 所示。

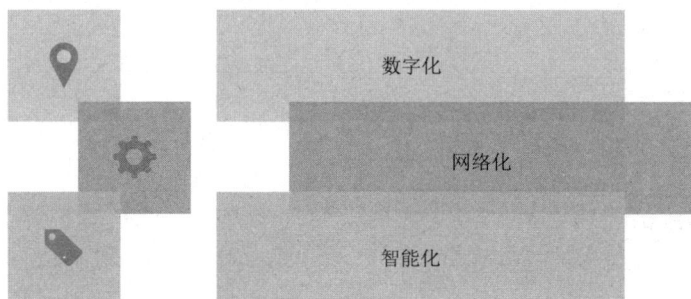

图 1.1　数字经济的三个特征

（1）数字化。数字经济以数字化为核心，以推动全行业、全要素数字化转型为落脚点。在数字经济浪潮下，传统行业中的信息和数据都能够实现数字化，从而实现信息、数据的高效流通和价值的深度挖掘。而传统行业的数字化不仅能够实现生产效率和运行效率的提高，还催生了一些新业态、新商业模式，如数据交易所、数字化治理、公共数据运营、数据要素流通等。

（2）网络化。网络是推动数字经济发展的一项重要基础设施，能够实现信息、数据高效传输。数字经济时代，数据、算法、算力充分流通，要求实现更多的数据协作、算法协作和算力协作。而要实现更多的协作，就要构建一个分布式网络——"数据和计算的互联网"（internet of data and computing, IoDC），将数据、算法、算力的提供方都集合起来，以实现数据、算法、算力的顺畅流通和价值最大化释放。

（3）智能化。数字经济也被称为智能经济，智能化是数字经济的一大特征。得益于智能化工具，如生成式人工智能（generative artificial intelligence，GAI），经济活动中的决策、生产、服务等环节具有智能性，经济活动的效率提高，产出的结果更优，更能满足市场需求。

2. 数字经济的类型

数字经济深入发展，推动经济总量不断提升，而这背后是五种类型的数字经济共同发挥作用的结果。五种类型的数字经济如图1.2所示。

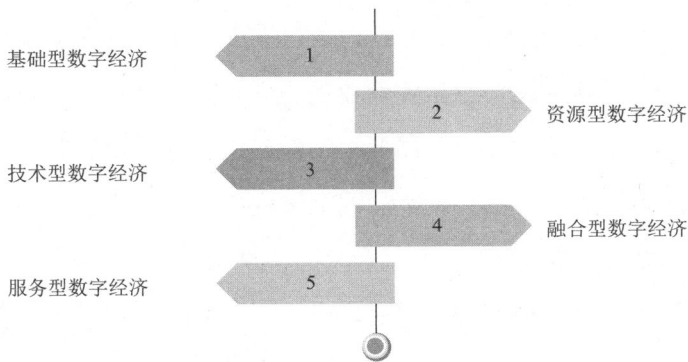

图1.2　数字经济的五种类型

（1）基础型数字经济。基础型数字经济指的是建设数字基础设施所进行的经济活动，主要包括数字产品、数字服务的生产和供应，如信息传输业、软件信息技术服务业等。基础型数字经济的本质是信息化，体现在信息技术产业化、传统产业信息化、基础设施信息化等方面，在一定程度上显示了数字经济所拥有的"硬实力"。

（2）资源型数字经济。资源型数字经济指的是对数据进行采集、存储、可视化等，以及数据资源的利用和价值挖掘的经济活动，主要体现了数字经济所拥有的"软实力"。

（3）技术型数字经济。技术型数字经济的发展重点是数字技术产品化，如软件开发、信息系统集成等。此外，在数字经济领域投入前沿技术，以及技术应用所产生的成果也属于技术型数字经济的范畴。

（4）融合型数字经济。融合型数字经济指的是数字技术与第一、第二产业融合所带来的经济增长，以及实体经济的数字化转型所引发的经济活动。

（5）服务型数字经济。服务型数字经济指的是数字技术与服务业的融合所产生的经济活动，如智慧旅游、数字医疗、数字服务贸易等，能够使用户获得便捷、舒适的数字化及智能化服务体验。

例如，2023 年 11 月 5 日至 10 日，第六届中国国际进口博览会在上海国家会展中心举办。本届进博会企业商业展包含六大展区：食品及农产品、技术装备、汽车、消费品、医疗器械及医药保健、服务贸易。其中，服务贸易展区从商流、物流、信息流、资金流四个维度出发汇集要素，展现商业活动全生命周期，设置了金融服务、航运物流、咨询服务等板块。

五种类型的数字经济有着不同的定位，对数字经济的整体发展起到不同的作用：基础型数字经济和资源型数字经济是数字经济的基础，为数字技术的实际应用提供物理载体和信息载体；技术型数字经济是数字经济发展的核心推动力，能够促使数字经济优化升级、保持很强的竞争力；融合型数字经济和服务型数字经济是数字技术在生产、生活等领域的具体应用，是数字经济落地、产生效益的根本。

1.1.3 全球数字经济发展情况

如今，一场范围广、程度深的数字革命席卷全球，其中既充满竞争博弈，也有合作共赢。在这样的背景下，大数据、人工智能、云计算等数字技术迅速发展并得到广泛应用。全球各个国家和地区的利益联系得更为紧密，成为命运共同体。

在世界范围内，很多国家和地区都很重视发展数字技术和数字经济，纷纷制定数字经济发展战略，加大数字技术研发力度，加快传统产业转型升级进程。

中国信息通信研究院发布的《全球数字经济白皮书（2022 年）》显示，北半球数字经济发展态势良好，北美、亚太、西欧三大地区数字经济发展水平较高，东盟、西亚等亚洲其他地区和中东欧等地区的数字经济发展水平中等；南半球的大洋洲和非洲地区数字经济发展水平较低，尤其是非洲地区。

数字经济发展情况与一个国家或地区的金融活动开展情况密切相关。从数字经济发展指数来看，数字经济发展指数的平均值从高收入国家、中高收入国家、中低收入国家到低收入国家依次递减。美国、新加坡是高收入国家中数字经济发展较快的国家，我国是发展中国家中数字经济发展较快的国家。从一些细分领域的指数来看，在数字基础设施指数和数字市场指数方面，我国均位列全球前 3 名。

数字经济给全球经济复苏提供了一个可行性方案，但也改变了全球经济格局。在全球范围内，各个领域都在加快数字化转型进程，例如，在农业领域，全球各国加大发展数字农业的力度，农业数字化不断深化；在制造领域，借助数字技术，企业可以深入挖掘用户需求，做到弹性生产、按需生产，实现降本、提质、增效。

在数字经济火热发展的当下，各个国家和地区应紧抓机遇、积极迎接挑战，为全球数字经济的健康发展提供助力，尽享数字经济时代红利，获得更好的发展。

1.1.4 在数字经济领域的实践

以翼方健数为代表的数字经济基础设施领域的先行者，在隐私安全计算领域深耕多年，致力于数据要素的"安全流通、高效匹配、价值释放"，打造了隐私安全计算全栈技术矩阵，覆盖了从底层技术到上层应用的多层架构，可以实现数据采集、数据处理、可信计算、智能应用等全流程一站式服务，打造完善的数据闭环。

翼方健数在数字经济领域不断探索，并取得了一些成果。翼方健数通过隐私安全计算、大数据、人工智能等全栈技术，构建和运营"数据和计算互联网"，在保护数据资产、模型资产、数据安全、模型安全和个人隐私的前提下，助力政务、医疗、保险、金融、营销等行业实现数据要素有序流通和价值释放，降低数据使用门槛，推动行业应用生态发展。

翼方健数在数字经济领域的实践案例包括上海市数据交易所交易交付平台、国家卫生健康委大数据开放应用试点（厦门）、青岛市健康医疗公共数据流通、潍坊市健康医疗公共数据流通、宜昌市健康医疗公共数据流通等。

未来，翼方健数将在促进数据要素流通、挖掘数字经济价值方面进行更多实践，推动行业生态升级和完善，助力其中的参与者享受数字经济发展带来的红利。

1.2　多维度看待数字经济

数字经济发展之势不可阻挡，为了更好地顺应数字经济时代潮流，应从宏观、中观、微观三个维度入手剖析数字经济的深刻内涵，明确发展方向和应采取的措施，在激烈的市场竞争中抢占有利地位。

1.2.1　宏观维度：数字经济的发展具有重要意义

数字经济能够作为一个独立的领域而存在，其利用先进的技术与发达的信息网络，实现数据与信息的交换、处理和应用，并实现经济的增长与发展。数字经济具有多重意义，主要体现在五个方面，如图 1.3 所示。

推动经济增长

提升财税收入

提升社会福祉

增强竞争力

打造全新商业模式

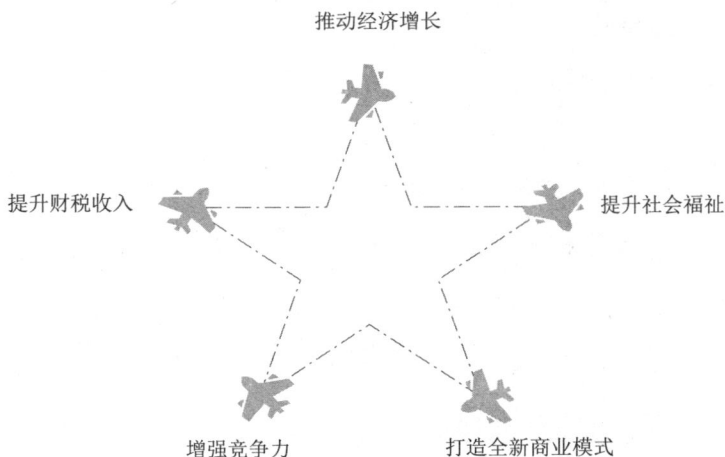

图 1.3　数字经济的意义

1. 推动经济增长

数字经济是一种新兴的经济形态，能够推动全球经济的增长。此外，数字经济还能够成为传统产业转型升级的推动力，提升生产效率和经济效益，推动经济持续发展。

2. 提升财税收入

随着数字经济不断发展，与之相关的税收成为财政收入的重要来源。数字经济的税收包括对互联网广告、电子商务、数字内容等领域的征税，这些税收不仅可以增加政府的财政收入，还可以促进数字经济的健康发展。

3. 增强竞争力

数字经济的快速发展使得一些国家在全球经济中的地位得到了提升。发展数字经济已经成为各国的重要战略，也是提升国际竞争力的重要途径。

4. 打造全新商业模式

数字经济催生了许多全新的商业模式和业态，如共享经济、社交电商等，在改变传统产业运营方式的同时，为创业者提供了更多创业机会和展现自我的平台。

5. 提升社会福祉

数字经济能够使服务朝着便捷、优质和高效的方向发展，满足人们日益增长的需求。例如，数字经济赋能医疗、教育、物流等行业，互联网医疗、在线教育、智能物流等能够为人们提供更加便利的服务，提升社会福祉。

此外，数字经济还能推动产业结构优化和经济治理规范化。总之，发展数字经济的意义重大，各个国家与企业应该重视数字经济，为其创造适合发展的环境与条件。

1.2.2 中观维度：产业政策要跟上时代

数字经济是时代发展的必然趋势，已成为我国的一项国家战略。为了指导这一战略更好落地，相关政策陆续出台。相关研究结果显示，截至 2023 年 3 月，"数字政府""数字乡村""数据安全"等关键词成为政策中的高频词汇。

随着数字化浪潮席卷全球，我国对数字经济的重视程度不断提升，相继发布了《网络强国战略实施纲要》《数字经济发展战略纲要》《"十四五"数字经济发展规划》《数字乡村发展行动计划（2022—2025 年）》《关于构建数据基础制度更好发挥数据要素作用的意见》等数字经济发展政策。在政策的支持下，"互联网 +""大数据 +"、企业数字化转型、数字基础设施、"东数西算"等一系列数字经济工程顺利实施，推动了我国数字经济迅猛发展。

2022 年，我国数字经济规模占 GDP 的比重超过 41.5%。2023 年 2 月，《数字中国建设整体布局规划》（以下简称《规划》）发布，随后，与之相关的产业政策陆续出台，形成了"国家层面顶层设计指引 + 地方层面政策贯彻实施 + 产业规划落地"的立体化政策架构。

《规划》提出："到 2025 年，基本形成横向打通、纵向贯通、协调有力的一体化推进格局，数字中国建设取得重要进展。"《规划》还明确了数字中国建设的目标："到 2035 年，数字化发展水平进入世界前列，数字中国建设取得重大成就。"

《规划》明确了数字中国建设的整体框架——"2522"，即"夯实数字基础设施和数据资源体系'两大基础'，推进数字技术与经济、政治、文化、社会、生态文明建设'五位一体'深度融合，强化数字技术创新体系和数字安全屏障'两大能力'，优化数字化发展国内国际'两个环境'"。

相关产业政策为数字经济的发展规划了可行性路径、提供了方向指引。紧跟数字经济时代趋势，聚焦产业政策重点，不断在数字经济领域发力，我国的数字经济发展将会迈上新的台阶。

1.2.3 微观维度：数字经济时代企业的数字化战略

数字经济给企业带来了诸多发展机遇，企业应制定数字化战略，加快数字化转型进程，抢夺数字经济时代红利。

数字化战略是企业总体战略的一部分，指的是企业利用数字化手段促进业务模式、业务流程、产品生产、企业文化等达成数字化，以实现战略目标的一种顶层设计。数字化战略能够将数字技术与企业的业务发展相结合，可以提高业务运转效率、优化客户体验、强化企业的竞争力。

具体来说，数字化战略应包含以下几个方面的内容：

1. 企业数字化需求和痛点

在数字经济的大背景下，对于企业来说，增长、数字化和效率提升已不再是可选项，而是应优先进行的重大事项。随着企业的数字化需求日益增长，其对数字技术的需求也相应增加。新的技术趋势，如网络安全网格、隐私增强计算、决策智能、超自动化、人工智能工程、生成式 AI 等，正在引领这场变革。

数字技术贯穿了数据生成到应用的全生命周期，承担着将数据资源转化为宝贵数字资产的重要使命。数字技术能够帮助企业或机构增强韧性、优化运营、提升可信度，进一步拓展垂直解决方案，加速产品交付，并利用新的互动形式更快地抓住市场机遇。这为企业创新绩效的提升开辟了新的增长空间。

尽管许多商业领袖都渴望进行大规模、激进的数字化转型，并期望获得显著成果，但在实施过程中，面临诸多挑战。这些挑战包括管理技能的缺乏、数据可用性不强、资源不足、技术能力有限，以及与数字化转型相关的环境存在不确定性。数智赋能并不一定会带来创新绩效，还需要战略层面的创新推动、组织文化的转变以及领导力的提升等多方面因素的共同作用。

2. 市场需求报告和内外部环境分析

　　在数字经济时代，企业的竞争优势不再仅仅依赖于传统意义上的核心竞争力，企业通过对其内部和外部资源进行有效的协调、创新、整合并加以利用，更有可能创造独特的竞争优势和发展路径。通过市场调研，企业可以明确用户需求变化、行业政策法规等因素对数字化转型的影响程度，从而确保数字化战略具有可行性和科学性。

3. 数字化业务架构

　　基于数字化战略，企业的传统业务结构可以被升级为数字化业务架构。企业可以将业务流程、数字基础设施、数据资源等整合在一个框架内，从而明确每个业务环节可以调用的基础设施和数据资源有哪些，实现业务高效运转和资源最大化利用。

4. 数字化战略实施方法

　　从技术变革的起始阶段开始，企业就要制订整体计划和连贯的数字化战略。战略导向与组织管理相结合，能够确保战略在组织中逐步展开，使得战略得以成功落地。

　　企业需要从战略管理角度出发，打造先进的组织文化、提升管理人员的领导力。开放、创新、包容的组织文化是数字化战略落地的"肥沃土壤"，能够以较快速度滋养出数字化产业结构或新模式，实现企业绩效的跨越式提升。

　　同时，具备数字化知识和经验的高层管理者要转型成为变革型领导，向员工解释数字化战略落地的必要性，确定企业的业务范围和发展方向，用数字技术促进组织、流程转型，为企业打造创新性、共享性和开放性的数字文化，以提升企业的业绩水平。

数字经济时代，企业的数字化战略应顺应时代潮流、符合技术趋势，以支撑企业在新时代获得更大发展。

1.3　数字经济的生态体系

数字经济快速发展，形成了一个生态。这个生态中包含很多角色，如数据源方、数据提供方、数据需求方、渠道方等。在数字经济生态中，各个参与主体互相依存、共同发展，推动该生态不断完善。

1.3.1　产业数字化转型进程加速

在数字技术的支撑下，产业数字化转型进程加快。产业数字化转型是资源的高速融合，能够对传统产业进行彻底的改造，使传统产业的设计、生产、营销、运输、服务等环节实现数字化、自动化。

1. 实现产业数字化转型

产业数字化转型促使信息技术、人工智能等新时代技术与传统产业加快融合，传统产业因此可以实现降本增效、保持更强的竞争力。实现产业数字化转型，可以从以下四个方面入手：

（1）充分激发大型企业、巨头企业产业数字化转型的榜样带动作用。产业数字化转型要以"链式思维"为依托，将"链主"企业打造为转型标杆，和国际产业数字化水平对齐，推动贯穿整个产业链的应用创新和技术赋能。

（2）第一、二、三产业融合发展，相互促进。三次产业的发展背景不同，数字化转型的路径也不同，对此，要因业施策，推动三次产业数字化水平稳步提高，实现三次产业在数字经济时代融合发展。

（3）积极打造综合型数字化产业园区。产业园区是形成产业集聚的空间载体，是产业数字化转型的主要阵地，能够加快产业数字化转型速度。综合型产业园区通常具有比较完善的基础设施，能够为不同产业领域的企业提供服务，可以实现不同产业互补和多元化发展。

（4）加强数字基础设施建设，构建良好的数字化转型生态。数字基础设施能够提升企业转型的效率，降低数字化转型的难度，充分发挥"智能+"对产业的赋能作用。

2. 招商引资新契机

数字经济时代，产业数字化转型成为招商引资的新契机。

以珠海金湾区为例，珠海金湾区是珠海市的重要产业基地，具有推动产业发展、提供投融资服务、促进科技创新等功能。

金湾区积极布局"7+3+1"产业园战略，即七大工业园区、三大新园区以及高栏港综合保税区，以实现工业园区特色化、集群化、专业化发展为目标，推动工业园区建设、运行机制不断优化，为招商引资工作提供新的动力。

金湾区鼓励优质产业、优质项目入驻"7+3+1"产业园，并给予政策支持，以尽快形成产业集群，产生产业集聚效应，推动整个产业的数字化转型进程。一些入驻该产业园的中小企业获得了更多资源和发展机遇，实现快速发展，也反过来推动相关产业链的完善。

产业数字化转型不是一蹴而就的，而是一个不断升级的过程。实现产业数字化转型，能够使传统产业在新时代依然保持很强的竞争力。

1.3.2　七大举措，完善数字经济生态

如今，数字经济已经成为全球经济发展的重要引擎，可以推动社会进步、提升人们的生活水平。以下七个举措，可以推动数字经济实现更好的发展，完善数字经济生态。

1. 推动数字基础设施建设

数字基础设施为数字经济的发展提供底层支撑。相关方需要推动通信网络、5G、云计算中心、物联网服务中心、大数据中心、超级计算中心等基础设施建设，加强数据安全保障，推动数字经济平稳发展。

2. 促进全行业数字化转型

全行业数字化转型是数字经济发展的有力保障。在实现数字化转型方面，企业可以从开发、生产、营销、服务等方面入手，以提升自身的运营效率和竞争力，推动全行业转型进程加快和数字经济的发展。

3. 培养数字化人才

发展数字经济需要大量高素质人才的支撑。因此，企业需要积极引入数字人才，加强数字技术人才、数字化管理人才等数字人才培养，做好人才储备和留用。

4. 促进实体经济与数字经济的融合

实体经济与数字经济能够相互促进，二者的融合可以使企业更好地应对市场需求变化带来的挑战，推动经济实现高质量发展，完善数字经济生态。

5. 加强国际合作

数据跨境流动是全球经济增长和创新的必要条件。通过高效的数据价值流通和跨国合作，企业能够实现更高效的运营，推动创新和提高生产力。数据流动将为国际贸易的发展注入新的活力，同时加强全球供应链的协同和联动。

企业可以更好地管理和协调生产、采购、物流等环节，从而提高供应链的效益和灵活性。跨境数据流动还将为服务业的全球扩张提供强大支持。云计算、在线教育、远程医疗等服务将通过数字化手段打破国际边界，为各地的人们提供更多的服务选择。

6. 实现数字经济创新发展

数字经济的发展需要创新驱动，如技术创新、商业模式创新、制度创新等。

实现创新发展可以使数字经济的发展水平和竞争力提高，使数字经济生态更加完善。

7. 监管层面实现尽职免责、合规不起诉

数字经济的发展离不开数据要素的高效流通和对数据价值的充分挖掘，然而数据相关法规不够完善、数据合规成本过高，导致企业面临"法无明确不敢为"的困境。

对此，在监管层面，对政府应秉持"尽职免责"的原则，对企业应秉持"合规不起诉""首次违规不罚或者轻罚"等原则，创建激励企业充分挖掘数据价值、对不合规行为保持宽容态度的数据要素流通环境，帮助数据提供者、使用者等卸下包袱，降低数据要素安全合规流通、使用的成本。

以上七项措施，有助于建立完善的数字经济生态，推动数字经济高质量发展。

1.4 数字经济面临的挑战

当今时代，数字经济在全球经济发展中的重要性凸显，能够重塑世界经济格局。发展数字经济，是我国抓住新一轮科技革命和产业变革新机遇的重要战略选择，是我国经济快速发展的新引擎。但我国的数字经济在技术层、应用层和安全方面都面临挑战，亟待实现突破。

1.4.1 技术层：关键领域创新能力亟待增强

从技术层面来看，我国数字经济在软件和硬件方面仍面临一些挑战。具体来说，在一些关键领域，如软件方面的开源软件、硬件方面的算力芯片等，我国的创新能力亟待增强。

1. 软件方面

在软件方面，聚焦开源软件进行具体讲述。开源软件是我国软件产业实现创新发展的一种重要模式。开源模式指的是打造开源社区，遵循开源协议，多方共同开发，实现源代码开放共享的软件开发模式。

目前，我国主流的开源社区还未发展成熟，自主创新能力不强，具体体现在四个方面。

（1）产业集聚程度不高。我国的开源社区小且分散，一些开源社区呈低水平竞争的对垒之势，引发研发力量不够集中、技术路线不统一等问题。

（2）配套机制不健全。开源社区涉及自主开源协议、代码安全检测、知识产权保护等方面，但在这些方面，我国的配套机制不健全，开源社区治理较为混乱，可持续发展能力不足。

（3）协作研发效率不高。我国的开源项目管理和运营人才较为缺乏，开源社区线上协同机制、社区激励机制等不健全，导致社区内协作研发的积极性和效率不高。

（4）创新引领作用不突出。我国的开源软件主要集中在操作系统、数据库等传统基础软件领域，在大数据、云计算等新方向上，基础开源软件研发力度不够，相关探索缺乏。

2. 硬件方面

在硬件方面，以算力芯片为例进行讲述。长期以来，我国桌面端和移动端的算力芯片大多来自 AMD 等企业，国产芯片的发展速度较为缓慢，而且面临资本和市场不足的困境。我国芯片领域的初创企业创新能力不足，多以技术难度较低的通用计算型算力芯片进入这一赛道，能生产出高性能的算力芯片的企业很少。

在专利壁垒方面，一些国外的算力芯片巨头建起了高高的"保护墙"，我国后进入市场的企业想要打破这一垄断需要付出很高的成本。

鉴于此，在技术层，我国在关键领域的创新能力亟待增强，以在全球经济市场竞争中占据有利地位。

1.4.2　应用层：数实融合程度有待提升

2022年，我国数字经济规模达50.2万亿元，在全球排第二名，但从整体上来看，我国数字经济和实体经济融合的程度比较低，传统企业数字化转型的成本比较高，这主要体现在三个方面。

1. 第一、二、三产业数实融合的程度具有不平衡性

《中国数字经济发展白皮书（2022）》显示，2021年，我国第一、二、三产业的数字经济渗透率分别为9.7%、22.4%、43.3%，同比分别提升0.8%、1.4%、2.6%。由此可见，第一、二产业的数实融合程度明显低于第三产业，且增速慢于第三产业。

2. 数实融合的程度落后于一些发达国家

《全球数字经济白皮书（2022年）》显示，全球第一、二、三产业的数字经济渗透率最高分别超过30%、40%、60%。由此可见，我国第一、二、三产业的数字经济渗透率与一些发达国家有较大差距，数实融合的程度落后于一些发达国家。

3. 很多中小型企业不知如何进行数字化转型，数字化转型进展缓慢

在数字化转型方面，一些中小型企业面临数字鸿沟问题，不知道该如何转型。相关研究报告显示，2021年，我国中小型企业处于数字化转型探索阶段、实践阶段、深度应用阶段的比例分别为79%、12%、9%。由此可见，我国大部分中小型企业处于数字化转型初级探索阶段。

在应用层，我国数字经济发展面临数实融合程度不高这一挑战。对此，我国企业和相关方应积极促进数实融合，缩小和发达国家的差距，促进数字产业实现高质量发展。

1.4.3 安全挑战：需搭建完善的数据安全体系

数字经济时代，数据成为重要的生产要素，在经济发展中起到重要的作用。但企业在应用数据过程中面临安全挑战，数据安全问题亟待解决。

搭建数据安全体系可以解决以上问题，确保数据的价值最大化释放，为企业可持续发展提供生产资料。那么，应如何搭建完善的数据安全体系呢？企业可以从以下四个方面入手：

1. 制定数据安全战略

完善的数据安全体系需要数据安全战略提供底层支撑，制定数据安全战略是企业搭建数据安全体系的基本举措。在战略的指导下，员工能够明确如何处理、保护个人隐私数据，员工的数据安全意识会增强，能够识别、防范数据安全威胁。企业可以将战略细化为数据安全手册，明确数据安全标准和级别，以有效指导员工的实践。

2. 引入可信数据流通技术和建立数据底座

数据加密、数据脱敏、访问控制、防火墙等数据安全技术能够有效降低数据安全风险，保障数据安全。在资金、人才等方面有实力的企业可以自主开发数据安全技术，以充分保障自身数据资产所有权。企业也可付费使用第三方提供的数据安全服务、引入可信数据流通技术，建立数据底座，促使自身数据安全体系完善。

3. 加强对数据合规培训

数据安全不仅体现在技术层面上，还体现在意识、行为等层面上。企业可以通过邀请数据安全专家开办讲座、在内部召开数据安全研讨会等形式强化员工的数据安全意识，使员工在实践中能真正识别数据安全风险并合理应对。此外，企业还要加强员工技能培训，助力员工提高数据安全风险防范能力。

4. 加强数据容灾，制定应急预案

在出现危及数据安全的突发情况时，数据备份和应急预案可以助力企业尽快恢复数据、将损失降到最低。企业可以通过将数据存储在云端、硬盘上等方式进行数据备份，并周期性地确认数据有效性和完整性，以在出现突发情况时及时应对。

数字经济时代，数据安全是合作方建立信任关系、开展合作的基础。搭建数据安全体系可以保护企业数据隐私，防止数据泄露或被滥用，使企业更好地满足行业合规要求，实现可持续发展。

第2章

底层基建：
皮之不存，毛将焉附

随着数字技术迅猛发展，数字经济蓬勃兴起，并渗透社会生活的方方面面。在数字技术发展浪潮中，隐私安全计算、云计算、数字孪生、大数据、人工智能等技术表现突出，对加速数字经济发展、推动全社会实现数字化转型具有重要作用。下面将详细讲述各项技术对数字经济的驱动作用，展现数字经济时代的 IT 新基建。

2.1 可信安全计算：数据要素流通的必要条件

隐私安全计算是指在数据提供方不泄露原始数据的前提下，在数据流通与融合过程中保障数据安全、个人隐私、数字资产的技术、产品和方法的组合。以隐私安全计算为代表的可信安全计算技术既能促进数据高效流通，又能保护数据隐私，是数字经济时代高效释放数据要素价值的关键手段。

隐私安全计算的核心理念是"不共享原始数据，共享数据的价值"，解决了数据保护和数据共享之间的矛盾，协调数字经济生态中的各方，有效避免个人信息大规模泄露、个人信息超授权范围使用和以原始数据的形态进行数据交易等问题。

2.1.1 赋能数据隐私保护和数据合规

"原始数据不出域，数据可用不可见"所代表的隐私安全计算的理念、产品和技术对数据隐私保护和数据合规具有积极意义。原始数据不出域能防止原始数据的无限制汇集，避免了"数据寡头"的出现。

一旦原始数据泄漏或者被非法盗用，就会引发巨大的社会风险，而原始数据不出域的要求极大地限制了这种情况的发生。除此之外，隐私安全计算对数据合规应用也有巨大的推动作用，主要体现在两个方面。

1. 数据所有权和使用权的分离

2022 年 12 月发布的《关于构建数据基础制度更好发挥数据要素作用的意

见》中提到"探索数据产权结构性分置制度""建立数据资源持有权、数据加工使用权、数据产品经营权等分置的产权运行机制",将数据的所有权和使用权进行分离,这成为促进数据流通使用的关键。

数据作为一种新的生产要素和虚拟资产,在流通过程中很容易发生所有权的流失。当数据所有者通过原始数据共享的方式(即数据复制的方式)授权第三方使用其数据时,第三方会拥有一份和他完全相同的数据资产。对于数据所有者来讲,这就是在数据使用过程中造成的数据资产的流失。

隐私安全计算让数据流通过程中所有权和使用权的分离成为可能。在隐私安全计算框架下的数据流通中,不分享原始数据,只分享数据的价值,所有权不会因为数据共享而发生转移和流失。

2. 个人数据与匿名化处理

个人数据在流通过程中存在隐私保护的问题,在使用的过程中大多需要个人的授权。而非个人的数据(如机器的数据、动植物的数据)在使用过程中没有隐私保护的诉求,不需要征求数据主体的授权,在流通过程中更多需要解决数据资产流失问题。

有的数据的主体虽然是个人,但是在使用中可以作为"非个人"数据来对待,无须个人授权。《中华人民共和国个人信息保护法》第四条规定:"个人信息是以电子或者其他方式记录的与已识别或者可识别的自然人有关的各种信息,不包括匿名化处理后的信息。"

很长一段时间,匿名化和去标识化几乎是等同的概念。"原始数据不出域,数据可用不可见"的方式为匿名化提供了一个新的思路,可以保证原始数据(包括去标识化后的数据)不脱离数据提供者的掌控,减少了去标识化后的数据通过与其他数据进行关联而产生的重识别风险。

只要保证计算结果的匿名化,即计算结果无法和个人进行关联,即使原始数据含有一些个人敏感信息或者原始数据有重识别风险,因为数据需求方不会接触到原始数据，也无法在数据处理过程中与其他数据进行关联，就不会导致个人隐私泄露。

2.1.2　实现数据"可用不可见"

隐私安全计算是在数据提供方不泄露原始数据的前提下，在数据流通与融合的过程中保障数据安全、个人隐私、数字资产的技术和方法。

隐私安全计算是一种能够实现数据要素安全可信流通的技术，基于数据流通"不共享原始数据，共享数据的价值"这一原则，隐私安全计算解决了数据保护和数据共享这两个需求之间的矛盾，实现数据"可用不可见"、数据可控可计量。

隐私安全计算具有加密机制，能够保护数据安全，降低数据泄露风险。一些国家和地区将其看作实现"数据最小化"和数据价值最大化的一种有效方式。

在数据顺畅流动的同时，数字技术和经济、社会融合的程度越深，带来的安全风险就越大。例如，很多人都面临个人信息泄露的问题，经常接到诈骗电话和骚扰电话。这是因为数据具有可以被复制、被重复使用的特性，导致个人信息被滥用、个人数据被贩卖。

但是，我们不能因此而拒绝使用数据。数据是一种新型的生产要素，是传统经济向数字经济转型的核心驱动力。隐私安全计算能够打破数据孤岛，确保数据可用不可见，保障数据从开发到流通全流程的安全性，充分挖掘数据价值。

隐私安全计算能够推动数据基础制度建设，是构建数据要素新生态的重要基础设施。数据基础制度建设的加快，以及数据资产确权、数据流通、收益分配、数据监管等相关制度的完善，加快了数据要素市场化进程，推动数字经济规模进一步扩大。而更大的经济规模，对数据安全提出了更高的要求，隐私安全计算的应用场景更丰富。

2.2　天空计算：多云时代的分布式计算

天空计算是云平台之上的一个层级，旨在实现云之间的互操作性。在多云并行的时代，市场上有许多云服务可供用户选择。但由于不同云服务使用的应用程序编程接口（application programming interface，API）各异，数据迁移变得相当复杂，用户需自行处理数据迁移及 API 调用的问题。

为了更便捷地调用不同云服务厂商的优势性服务，需要一个中间层来连接、调度不同的云服务，并为用户提供一个统一的 API，从而使用户能够更轻松地使用各类云服务。

这种模式的优势体现在多个方面：首先，它简化了云服务的调用流程，有助于扩大云服务的市场规模；其次，它促进了更为专业化的云服务的发展；再次，它整合了不同的计算资源；最后，从合规性的角度出发，为在不同国家或地区存储数据提供了有效的解决方案。

云计算从根本上改变了 IT 行业的发展模式以及应用程序的构建和部署方式。然而，云计算尚未像互联网或网络那样成为一种公用事业。云网深度融合是数字经济时代云计算的一大发展趋势，例如，开发一个基于机器学习的智能应用程序并进行数据处理、训练，来为模型提供服务，这样模型便可以在阿里云上进行训练，然后在腾讯云上输出推理服务。

2.2.1　云也是控制域：原始数据不出域

《关于构建数据基础制度更好发挥数据要素作用的意见》中提出，鼓励公共数据在保护个人隐私和确保公共安全的前提下，按照"原始数据不出域，数据可用不可见"的要求，以模型、核验等产品和服务形式向社会提供，对不承载个人信息和不影响公共安全的公共数据，推动按用途加大供给使用范围。

那么"原始数据不出域"的"域"指的是什么？其实是指"控制域"。在了解什么是"控制域"之前，要明确一个基本逻辑，即数据要流通、要被使用才会产生价值，但不是没有约束地流通或使用。

物理控制也是对数据进行控制的一部分，但是物理控制过于狭窄，阻碍了数据的使用和分享，阻碍了数据成为生产要素。信任域又过于宽泛、主观，不利于数据的有序流通。而"控制域"能够实现数据使用和数据安全的平衡。

当一个法人机构使用第三方服务，如软件即服务（software as a service，SaaS）服务、云服务、IDC 服务等，而产生或者托管原始数据时，法人机构对服务商的主观信任不足以满足数据不出域的要求（对应的是信任域），这要求必须通过数据服务商的客观资质和服务承诺来达成。

也就是说，数据服务商必须证明它们对服务对象（法人机构）的数据安全和使用是有"有效承诺"的。它们必须通过产品、技术、服务来保证客户数据存储、计算、传输的安全，同时保证除非得到法人机构授权，否则其数据不能被别人任意使用。在这样的情况下，对于法人机构来说，虽然原始数据可能产生于或者托管在服务商处，但数据是可控的。

例如，我们使用销售管理软件 Salesforce 时，Salesforce 必须承诺我们用它的服务产生的所有数据是安全的，未经我们允许不能和任何其他第三方分享。在这个前提下，才能保证数据"不出域"。同样，云服务商也是一样。

在数据没有得到足够重视时，"有效安全承诺"可能只是一个具有法律效力的合同，也就是典型的"事后约束"。但当数据作为生产要素得到高度重视时，除了合同约束外，还需要更具可行性、更具操作性的技术和管理流程实现"事前约束"。

在一些国外的法律中，这个可控的、有合同约束的实体有相应的名称，如在美国 HIPAA 法案中被称为商业伙伴（business associates，BA）。通过引入具有可行性、更具操作性的技术和管理流程实现"事前约束"，将法人机构的

"控制域"拓展到 SaaS、云服务等先进的 IT 场景中，可以做到"原始数据不出域"。

2.2.2 SaaS 云服务与云存储服务

云计算是一个包罗万象的概念，包含各种服务模型，如 SaaS。SaaS 是云计算三种服务模型中的一种，本质是云计算服务，企业在 SaaS 系统中进行的各种业务操作，都要依托于云计算。

云存储是一种线上存储方式，包含公共云存储和私有云存储两种类型。公共云存储，即将数据存储在第三方提供的远程服务器上，通过互联网实现数据访问和管理的数据存储服务。私有云存储是指企业根据自己的需求自主研发云存储系统，该系统可以只作为企业的内部系统，也可以对外提供给有需求的第三方，以获取经济效益。

云计算系统包含三个部分，即云服务、云计算和云存储，三者的关系：云存储为云计算奠定基础，进行云计算需要的数据可以从云存储系统中获得，同时，云计算的结果也存储在云存储系统中；云存储系统的数据存储服务是云服务的重要组成部分；很多云服务都要依托于云计算提供的计算能力进行。

下面分别对 SaaS 云服务和云存储服务进行深入讲解。

1. SaaS 云服务

SaaS 云服务的盈利模式是：为用户提供技术与软件服务，通过用户的订阅获取利润。在这种盈利模式下，用户是价值链的主导者，SaaS 云服务提供商则起到支持和辅助的作用。

SaaS 云服务能够助力用户实现数据私有化，用户可以对数据访问权限进行设置与修改。将数据存储到云端后，用户可以通过任何能联网的终端设备访问数据。即便终端设备发生故障，存储在云端的数据也不受影响，有效避免了数据丢失和数据泄露，保障了数据安全。

2. 云存储服务

与本地存储相比，云存储具有成本低、可扩展性高、便于进行数据管理和维护等优点。将数据存储到云端后，用户可以通过云存储服务提供商提供的界面对数据进行下载、备份、共享等操作。

目前，市场上的主流云存储服务提供商有亚马逊、百度、阿里巴巴等。它们提供的云存储服务都包含多种存储类型，并搭载了安全机制，能够更好地满足用户的个性化需求，并保障数据安全。

SaaS 云服务与云存储服务都是云计算服务生态中的一部分，都能够推动云计算服务质量提升、生态完善。

2.2.3 新趋势：云网深度融合

在时代发展和技术升级的背景下，云计算领域的创新成果不断涌现，云计算的应用范围不断扩大，受到越来越多企业的欢迎。很多企业的"上云"意识和能力得到增强，尝试使用云计算技术自主研发信息系统。

随着互联网技术进一步发展，云计算普及程度更高，信息服务的内容和方式更加多样化，数据和网络需求呈现爆发式增长。

为了确保企业的业务能够顺利"上云"、业务系统之间能够高效地通信，云计算服务需要强大的网络提供支持，而网络资源优化需要云计算的助力。因此，"云网融合"成为云计算的一种发展新趋势。

顾名思义，云网融合就是"云"和"网"的融合。"云"指的是云计算，"网"指的是通信网络。云网融合的本质是信息技术和通信技术的融合，能够完善信息基础设施建设。云网融合的最终目的是实现云计算与通信网络在运营、服务等方面的一体化和深度融合。

云网融合的优点在于，可以充分释放信息技术和通信技术的价值，使它们各自的优势能够发挥出来，从而实现更高效的数据传输和应用。具体来说，云网融合的优点体现在三个方面，如图 2.1 所示。

更高的灵活性和可扩展性

更高的安全性　　　　　　　　更低的成本

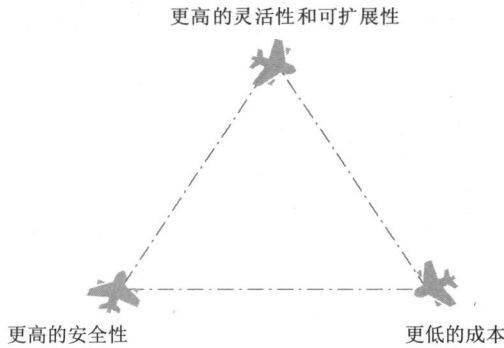

图 2.1　云网融合的三个优点

1. 更高的灵活性和可扩展性

云网融合后，用户可以基于自身的需求动态配置计算资源，而通信网络的覆盖范围更大、数据传输速度更快。基于此，用户可以获得灵活性更高、可扩展性更强的计算服务和网络服务。

2. 更高的安全性

云网融合后，云计算和通信网络都可以提供数据安全保护，如给数据加密、对用户的数据访问行为进行控制等。这可以进一步提高网络的安全性，防止数据泄露。

3. 更低的成本

云网融合后，用户使用云计算可以按需付费，使用成本降低。而通信网络可以通过优化路由、减少延迟和带宽等方式降低运营成本。

2.3　数字孪生：强化数据洞察

如今，数字经济蓬勃发展，数字化技术不断演进。其中，数字孪生是一项受到广泛关注的技术。数字孪生是数字经济发展过程中重要的一环，能够推动数字产业化和产业数字化进程。企业应顺应数字经济时代潮流，积极引入数字孪生技术，推动自身业务转型升级。

2.3.1 什么是数字孪生

数字孪生是利用物理模型、运行历史等数据，集成多个学科、多个尺度的仿真过程，在虚拟空间中完成对现实中实体的映射的全生命周期过程。

通俗来说，数字孪生就是在虚拟空间中给现实中的实体（如设备、系统）创造一个"克隆体"，也称"数字孪生体"。

数字孪生的本质是信息建模，即在虚拟空间中为现实中的实体创建与其完全一致的数字模型。但是数字孪生进行的信息建模不是传统意义上的基于信息传输格式的建模，而是基于对实体的外部特征、内部运行逻辑等方面的抽象化描述进行建模，其难度更大，需要的技术支持更多。

数字孪生体是虚拟的，以信息化、数字化平台为载体，以虚拟技术为依托。其与现实中的实体之间相互影响、相互促进，能够赋能产品设计、生产制造、医学诊断等。

数字孪生的技术架构分为四层，如图 2.2 所示。

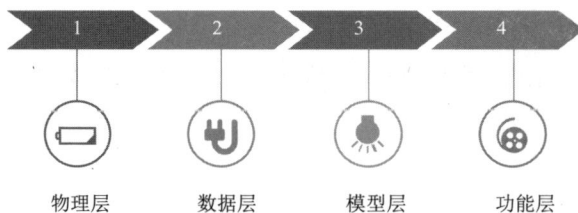

物理层　　数据层　　模型层　　功能层

图 2.2　数字孪生的四层技术架构

1. 物理层

物理层中集合了数字孪生系统映射的现实中的实体对象。不同的数字孪生体，对应的实体是不一样的。例如，智能工厂的数字孪生体对应的物理对象是工厂、车间、流水线、工人、机器设备、原材料等生产要素。

2. 数据层

数字孪生需要数据驱动。要想使现实中的实体和数字孪生体之间产生实时映射和互动，二者之间的数据就要互通。数据层主要进行数据采集、传输、处理等工作，是连接现实中的实体和数字孪生体的桥梁。

3. 模型层

数字孪生的核心层是模型层。模型层集成了多种模型，如几何模型、机理模型、算法模型、规则模型等。不同的模型有不同的分工和作用，共同为数字孪生提供底层支撑。几何模型负责对现实中的实体的外部特征进行刻画；机理模型能够对现实中实体的运作逻辑及规律进行抽象化描述，预测现实中实体可能做出的行为或即将进入的状态，从而采取干预措施；算法模型通过对海量数据的分析和挖掘，找到有价值的知识或洞察；规则模型能够总结现实中实体的运作逻辑，保证数字孪生体按照相同的逻辑运作。

4. 功能层

功能层能够体现数字孪生体的价值。具体来说，功能层包含问题诊断、趋势预测等功能。功能层的核心要素是功能模块，即各类模型独立形成或者集合而成的系统。这些功能模块可以灵活地拓展、组合，形成各种具有不同功能的数字孪生应用。

数字孪生的应用场景很丰富，目前，已经在智能制造、智慧城市、智慧交通、智慧医疗等领域落地。数字孪生与大数据、工业互联网、人工智能等新事物的融合程度加深，成为新一轮科技革命和产业升级的重要抓手，对推动各个行业的数字化、智能化具有重要作用，能够促进数字经济与实体经济融合。

2.3.2 数字孪生如何赋能数字经济

当前，数字孪生已经从概念走向实践，有力推动数字经济发展。例如，在制造领域，借助数字孪生技术，企业可以实时收集产品性能数据，将其应用到虚拟模型中。通过这种模拟，企业能够尽快明确产品的设计流程，测试相关功能，提升产品研发和生产的效率。

通用电气公司借助数字孪生技术让每个机械零部件都有一个数字孪生体，并借助数字化模型实现产品在虚拟环境中的调试、优化，从而调整产品方案，将更完善的方案应用于现实生产。这不仅提高了通用电气的运行效率，还帮助其节省了调试、优化的成本。

能够实现模拟预测的数字孪生方案最早应用于工业自动化控制领域，随着数字孪生技术的发展，其逐渐拓展到企业数字化、智慧城市等更多领域。通过在虚拟世界中映射现实世界，并对数据进行智能分析，企业可以实现相关业务的自动化、智能化管理。

在应用数字孪生技术的过程中，企业需要注意两点：

第一，数字孪生面向的不是静止的对象，形成的也不是单向的过程，其面向的是具有生命周期的对象，形成的是动态演进的过程。因此，数字孪生应用在工业场景中时，生成的不仅有拟真三维模型，还有基于各种数据的动态演绎。准确来说，数字孪生不是形成一个单一的虚拟场景，而是展现一个数字孪生的时空。

第二，数字孪生不仅重视对现实世界的数字化重现，还重视拟真模拟背后的数据分析。数字孪生呈现的是一个动态的过程，这意味着其需要对海量数据进行分析。在此基础上，数字孪生不仅能够根据当前数据搭建起相应的虚拟场景，还能够根据数据的变化模拟出相应场景的变化。

总之，数字孪生能够实现动态数字空间的打造，工业制造的诸多场景都可以复刻到这个数字空间中。借助各种数字模型，企业可以进行多方面的推演、预测，进而作出更科学的决策。

2.4 人工智能：数字经济的关键驱动力

在数字经济高速发展的时代背景下，人工智能（AI）作为引领变革的前沿技术，成为推动经济发展的新动力。无论是在产业升级、商业模式创新还是社会进步等方面，AI 的影响力都日益凸显。

作为一种模拟人类智能的技术集合，人工智能涵盖了机器学习、自然语言处理、计算机视觉等领域，逐步渗透到各个行业之中。在数字经济领域，人工智能不仅加速了数据的处理和洞察，还为自动化生产、智能决策和个性化服务提供了强大支持。它改变了传统的生产方式、消费习惯和商业模式，成为数字经济发展的核心驱动力。

在数字经济时代，数据已成为宝贵的资源，而人工智能在数据处理和分析中发挥着关键作用。它能从海量数据中提取有价值的信息和洞见，帮助企业作出更准确的预测和决策，从而提高效率和竞争力。

2.4.1 人工智能三要素：数据、算法、算力

人工智能的三大要素是数据、算法、算力。这三大要素在数字经济时代成为新型生产要素，它们的流通为数字经济提供新的发展引擎。下面详细讲述三要素流通方面的知识，展现它们的具体应用价值。

1. 数据

数据资源是数字经济发展的核心要素，数据要素高效流通，能够赋能实体经济，推进数据产权保护、数据交易和数据安全治理。充分发挥数据的基础资源作用和创新引擎作用，有助于推动以创新为主要支撑的数字经济的发展。

在保障数据要素安全流通方面，隐私安全计算技术是目前的最优解。隐私安全计算，主要有三大方向：多方安全计算、联邦学习和可信执行环境。

多方安全计算是一种基于多方数据的协同进行计算的密码技术，可以实现只呈现计算结果及其可以推导出的信息，而不泄露各方的隐私数据。主流的两方计算框架的核心是混淆电路和不经意传输这两种密码学技术，而主流的多方计算框架的核心是秘密共享、同态加密技术。这些技术可以保证多方计算的各参与方输入的数据的隐私性、安全性和计算结果的准确性，保障数据可以安全高效流通、被使用。

联邦学习是一种协同的机器学习框架，能够在多个数据方之间通过加密计算的方式实现算法、模型训练。在训练过程中，参与各方可以不交换原始数据，在本地数据集上就可以进行算法、模型训练。一般来说，各方会以某种频率交换参数、共享结果，以生成各方共享的全局模型。

联邦学习分为横向和纵向两种。横向联邦学习中各参与方的样本不同，但是数据特征是相同的，主要解决模型训练中样本数量的问题。纵向联邦学习中各参与方的样本数量相同，但是样本拥有不同的数据特征，主要解决模型训练中特征数量的问题。

可信执行环境为数据要素的流通保驾护航，能够保障数据产业实现安全、合规发展。如果在多方参与的计算中有一个大家共同信任的计算环境，或者可以通过硬件的方式构建一个可信任的计算环境，那么参与计算的各方可以将自己的数据加密传输到这个可信的计算环境里。各方在这个环境内将原始数据解密后进行计算，计算完成后将结果输出，销毁所有的中间过程、临时存储数据，这样可以保证各方原始数据的安全。

2. 算法

算法在数字经济时代有着独特的含义，很多时候特指人工智能大模型。模型具有架构和参数，当架构确定后，通过训练得到的参数可以用于构建模型。模型的架构通常是开源或者半开源的，但是训练好的模型很可能不是开源的。

训练好的模型一般以数据文件的形式存在，从这个角度上来看，算法流通遇到的一些挑战和数据流通遇到的挑战很相似，对算法的知识产权保护的需求和数据资产保护的需求是相同的。

为了解决算法流通遇到的问题，翼方健数推出"揽睿大模型流通解决方案"，基于"星舟·密方"大模型流通专区以及可信的算法流通机制，通过集成硬件安全能力和软件加固，实现数据、算法的双向保护和安全流通。

3. 算力

任何数据的使用都是在进行某种形式的计算，需要算力的支持。智能时代的算力更多的是 AI 算力，通常是采用 GPU 加速的计算能力。AI 算力对模型训练和推断的能力有巨大的影响，在很多时候直接决定了可以训练和用于推断的模型大小和复杂程度。

AI 算力需求和供应两端的异构化、碎片化阻碍了算力流通，已经成为人工智能发展的重要壁垒。在同一个平台上，算力闲置和算力短缺的情况并存，妨碍了对生产力的推动和对社会经济发展的贡献。打破这一壁垒的关键在于让算力供需能够更好适配，在大力投入建设新的算力资源的同时，充分利用好已有的算力资源，成为人工智能发展的关键。

数据、算法和算力是推动人工智能和数字经济发展的三个关键要素。三者是一个不可分割的主体，只有这三个方面都有强大的支撑并不断突破，人工智能和数字经济才能实现长足发展。

2.4.2 通用人工智能的"萌芽"出现

"人工智能"这一概念最早由约翰·麦卡锡教授于 1956 年提出，他将人工智能定义为"创造智能机器的科学和工程"。如今，人工智能已经渗透人们生活的方方面面，并带来很多便利。

人工智能可以分为专用人工智能和通用人工智能两种，更确切说，它们是人工智能发展的两个阶段。

专用人工智能是人工智能发展的初级阶段。这个阶段的机器不具备模拟人类思考的能力，只能执行系统预设的简单任务。语音助手 Siri、搜索引擎 Alexa、围棋机器人 Alpha Go、类人机器人 Sophia 都是专用型机器人。实际上，目前的科技水平仍处于初级阶段，基于当前科技制造出的人工智能都属于专用人工智能。

通用人工智能是人工智能发展的高级阶段，在这个阶段，机器将拥有接近人类的思考和决策能力。目前，通用人工智能的"萌芽"已经出现。例如，2022 年底，基于大模型的聊天机器人模型 ChatGPT 出现，标志着通用人工智能（artifical general intelligence，AGI）已初步形成，同时也表明新一轮科技革命和产业变革正在重构全球创新版图，重塑全球经济结构。

无论对个人、企业或是区域经济，通用人工智能都是极大的机遇，也是巨大的挑战。与此同时，数据、算力和算法成为智能时代最活跃、最根本、边际贡献最大的决定性的新型生产要素。

通用人工智能不针对特定的领域，具有灵活分析问题和解决问题的通用基础能力，包括自然语言理解能力、逻辑推理能力等。相较于专用人工智能，通用人工智能具备底层通用能力，可以灵活地分析、解决新问题。

通用人工智能不局限于任何具体应用，生成内容只是其无数应用中的一种。在实际应用中，通用人工智能可以作为一种生产力工具或者基础设施，赋能各行各业，提高全社会生产效率。

以软件行业为例，通用人工智能将大幅提升软件价值。当前，面向个人（to consumer，To C）软件运行效率低，学习门槛高。以 Office 套件为例，很多用户只使用其中的一些简单功能，而较少使用高级、复杂的功能。在接入通用人工智能后，用户可以直接向软件提出需求，软件可以根据用户需求自动调用相关高级功能，更好地满足用户需求。因此，对于 To C 软件而言，很多以前用户很少使用的功能都需要重新定价。

2.4.3　人工智能在数字经济中的应用

随着与各项技术的融合进一步加深，人工智能取得了突破性进展。在数字经济时代，人工智能受到了更多重视，已经在一些行业中得到应用，如零售行业、交通行业、教育行业、物流行业。

1. 零售行业

人工智能包含的机器学习、图像识别、自动推理等技术，使电脑可以智能识别产品信息，从而实现产品分拣、装配等环节的自动化。此外，人脸识别技术能记录用户性别、购买的产品、滞留时长等信息，从而建立用户画像，进一步提升用户转化率及复购率。

2. 交通行业

交通行业可以基于物联网技术，借助传感配件、云端系统构建智能交通体系，并利用人工智能分析车流量，从而实现对道路情况的智能监控。这样不仅可以减轻交通管理人员的工作负担，还可以提升道路的通行能力。

3. 教育行业

如今，语音识别、文字识别等技术日趋完善，电脑可以自主实现对各类信息的收集、分析和整合，越来越多的学校开始大规模地实行电脑阅卷。不仅如此，许多补习机构也开始将纠正发音、在线答疑等工作交给人工智能完成。这在一定程度上解决了教师资源分布不均衡、补习费用高昂等问题，同时为学生提供了更舒适的学习环境，有效提升了他们的学习效率。

4. 物流行业

配送、装卸和盘点是物流行业中较为基础但又比较繁杂的工作，人工智能技术可以对货物数据进行智能分析，自动生成资源配置的最优方案，进一步打造灵活多变的动态运输网络，从而实现对物流运输过程的自动化改造，全面提升物流运输效率。

5. 营销行业

人工智能技术在营销领域的一个典型应用是数据分析。通过对企业拥有的大量数据进行分析，人工智能系统可以筛选出潜在客户、明确产品销售趋势、明确目标客户的兴趣爱好等，帮助企业在预算有限的情况下优化营销策略，向客户推送个性化、定制化的营销内容，实现销售额提升。

6. 医疗行业

人工智能在医疗行业有很多应用场景，如疾病预测、辅助医生诊断疾病、监测患者健康状况、辅助医生进行医学影像分析等。

以医学影像分析为例，人工智能可以帮助医生进行医学影像识别，提高医生分析医学影像的准确性与效率，为患者提供更高效、更精准的医疗服务。例如，腾讯推出以人工智能为基础的"腾讯觅影"数智医疗影像平台，不仅可以自动识别并定位疾病根源，还会提醒医生对可疑影像图进行复审，极大地减轻医生的工作负担。

随着技术的不断发展，人工智能在数字经济中的作用将进一步增强。未来，人工智能将更广泛地应用于自动化、预测分析、智能制造等领域。同时，人工智能还将促进跨行业的创新与合作，实现数据共享和资源整合，全面提升数字经济的整体效益。

2.5 IoDC：数字经济时代 IT 新基建

数字经济时代，数据价值凸显，企业对数据隐私保护和数据共享的需求更加迫切。在推动数据价值流通和隐私安全计算方面，很多企业都做了尝试。下面从 IoDC 概念解析、IoDC 网络构建、面临的技术挑战等方面入手进行详细讲述。

2.5.1 概念解析：IoDC 数据和计算的互联网

在数据经济时代，完全依赖自身数据、自行构建算力和算法以实现价值闭环的方式具有明显的局限性。想要充分发挥数据价值，更好的做法是将自身的数据与第三方数据结合；在基础模型之上通过推断、微调构建自身的 AI 能力；找到性价比最高的 AI 算力；将数据、算力和算法在一个具体场景中结合起来，通过计算的方式完成数据价值的萃取；实现智能服务，完成组织机构的智能化升级。

这些做法有赖于数据、算法和算力三要素的自由流通。然而，受到法律监管约束（如"原始数据不出域，数据可用不可见"的要求）、价值发现目的（如利用性价比更高的算力资源）和 AI 算法广泛应用（如大模型的流通）的影响，无法将所有数据、算力和算法汇聚于一处进行应用。

因此，数字经济时代需要构建一个分布式网络，将数据资源、算力资源和算法资源接到该网络（即 IoDC）中。在法律法规和其他客观条件的约束下，需要构建新型的要素流通方式，以推动各行各业的数字化和智能化转型。在这个网络中，各要素提供方独立管理自己的要素资源。当需求方需要创造一个具体计算场景时，可以在网络中寻找合适的数据、算法和算力资源，并在要素提供方的授权下，将三要素通过计算的方式结合起来。

IoDC 是数据价值流通的路径和终局，是数字经济时代的 IT 新基建，将推动数据经济中数据资源和算力资源的"安全流通、高效匹配、价值释放"。

2.5.2 积极推动 IoDC 网络构建

当数据、算力、算法成为生产要素时，需要一套新的 IT 基础架构，让这些生产要素广泛地流通起来。

下面以一个医药研究工作者为例，讲述如何通过构建 IoDC 网络，训练一个疾病预测的 AI 模型。

1. 数据汇聚和治理

该医药研究工作者面临的首要挑战是如何高效地找到所需数据。他可能需要从医疗机构获取临床数据，同时还需要从测序公司获取与患者相关的基因数据。这要求他能够高效地发现各类数据源中的数据资产，而这在很大程度上取决于各数据源的数据资产化程度。

为了形成数据资产，各数据源需要对其业务系统中的数据进行采集、汇聚和治理。通常，这些数据分散在各个业务系统中。为了实现各数据源之间的数据互通，需要进行数据清洗和归一化操作，确保数据的一致性和准确性；通过结合行业标准和各数据源的特定标准，可以形成统一的数据标准。在此基础上，各数据源的数据应按照行业的通用数据模型进行组织。

为了提高数据资源的使用效率和发现能力，各数据源需要接入数据和计算的互联网中。通过提供数据资源目录和查询功能，数据需求方可以更加高效地在 IoDC 网络中探索和发现所需的数据资源。

2. 数据探索和发现

当数据源准备好数据资产并统一组织原始数据后，用户可以通过分布式查询高效地在 IoDC 网络中找到所需的数据。

在这个案例中，该医药研究工作者可以向各医疗机构发送关于临床表现的查询结果，向测序公司发送关于基因的查询结果。然后，他可以将来自不同数据源的查询结果进行关联，以确定符合条件的患者数据的位置和样本数量。

在数据探索阶段，用户主要希望对样本量的大小和分布有一个大致的预估。这就像我们在网页搜索时，通常不会逐一查看返回的每个网址对应的网页一样。为了确保数据安全和个人隐私，数据源也不希望在探索阶段将查询结果的原始数据直接呈现给用户。因此，当数据源仅提供满足条件的样本时，用户的这一需求就已经得到了满足。此外，为了防止不法分子通过差分攻击获取个人隐私数据，可以采用差分隐私技术来降低数据查询中的隐私泄露风险。

当多个数据源的初步查询结果需要进行关联时，会涉及多数据源利用某一共同字段进行集合求交。如果这个字段是一个敏感字段，如患者的身份证号或手机号，参与计算的各方都需要在集合求交时保护这一字段的隐私。因此，需要利用隐私增强计算中的隐私求交方法。

在这个查询的过程中，用户对于数据查询条件本身和查询的结果有时也有数据安全和隐私保护的需求。在这个例子中，临床的表现和基因的条件查询本身代表了研究重点在于一些表型和基因特点相关性。目前，隐私计算中的匿踪查询可以保证查询本身和结果的隐私性。

3. 数据、算法、算力通过计算的结合

通过上述方法，IoDC 的用户可以高效地确定原始数据的分布。在这个案例中，假设共有 7 000 个样本符合研究需求。其中，所有基因数据样本都存储在测序公司，5 000 个临床样本存储于医院一，2 000 个临床样本存储于医院二。那么该医药研究工作者面临的一大挑战是如何利用这些样本进行计算，并选择合适的算法和算力。

假设医药研究工作者希望在获得场景授权的前提下，利用这些样本训练一个疾病预测模型。由于"原始数据不出域"的要求，研究工作者不能简单地将样本集中在一起进行模型训练，他应采用隐私计算中的横向联邦学习等方法，利用相同的模型进行训练。

在实际数据处理中，数据提供方会在确保"原始数据不出域"的前提下，根据需求方提出的特定计算场景（本案例中为训练疾病预测模型），对数据使用进行授权。根据不同的信任假设、数据安全环境、计算逻辑、计算成本和实时性要求，采用适当的隐私计算方法（本案例中为联邦学习），结合算法（本案例中为深度神经网络）和算力（本案例中为两个医院提供的算力）处理跨域的原始数据，以生成最终的计算结果（本案例中为训练好的模型）。

在这个案例中，当医药研究工作者完成临床数据基础模型的构建后，可以结合临床数据和基因数据构建更复杂的模型，或者调整联邦学习的深度神经网络（deep neural networks，DNN）模型，以支持横向联邦学习（处理两家医院的临床数据）和纵向联邦学习（结合基因数据）。

这并非简单的调整，而且调整后的模型训练性能可能会大幅下降。另一种方法是利用 IoDC 中的可信算力资源，将两家医院和测序公司的原始数据加密传输至构建在可信算力集群上的可信执行环境（trusted execution environment，TEE）中，在 TEE 内部解密后进行集中式的模型训练。当模型训练完成后，销毁运算环境和中间结果，只保留最终的计算结果（训练好的模型）。

4. 数据和算力资源调度

随着数据要素化的推进，对相同数据的不同需求也日趋丰富。例如，除了医药研究的需求外，健康医疗数据还被商业保险公司用于保险产品定价和健康险核保。这些不断涌现的应用需求意味着需要更多计算方式的支持，给 IoDC 上的数据、算力资源和应用的适配及调度带来了巨大挑战。

在数据适配方面，最大的挑战在于每个数据提供方提供数据的方式不尽相同，而用户采用的计算方式也可能与数据提供方式不匹配。原始数据可能存储在不同类型的系统中，每种系统都有其独特的读写方式。

结构化数据可能存储在关系型数据库或大数据平台内，非结构化数据则可能存储在对象存储或文件存储系统中。这意味着用户在利用这些数据时，计算方式对数据的读写方式（即语义）有一定的要求。例如，若采用大数据 MapReduce 处理方式，则原始数据需存储在 HDFS 的文件系统中。

算力适配方面也面临类似问题。从算力类型来看，既有通用算力，也有以 GPU 代表的 AI 算力，甚至包括用于隐私计算或计算加速的 ASIC。每项应用所需的算力类型各异，因此在计算调度中需要为应用分配满足其计算要求的算力。此外，算力提供者也有不同的算力调度方式，包括云计算、超算体系和自建算力调度体系等。从应用角度来看，即使是相同的计算逻辑，也需要不同的算力。

应用部署方式也需考虑调度方式。例如，采用云原生的应用部署方式以适配云计算的算力调度方式。从数据和算力调度的角度来看，"原始数据不出域，数据可用不可见"的要求对数据在 IoDC 网络中的计算进行了限制。

当用户需要通过联邦学习或多方安全计算处理多个数据源的数据时，各数据源的原始数据在计算过程中必须保留在本地，以利用本地的算力资源。如果通过可信计算节点进行计算，则可调用 IoDC 网络中的任何一个可信算力集群，将各数据源的原始数据加密传输到构建在可信算力集群上的可信执行环境中，解密后进行计算。

因此，IoDC 的数据和算力调度问题在解决好适配问题的前提下，是一个"受限优化"问题。当应用申请 IoDC 上的数据和算力资源进行计算任务时，IoDC 在应用执行的约束条件下（如原始数据不出域、需要 24GB 显存以上的 GPU、计算启动等待时间在 5 分钟以内），围绕一个优化目标（如计算所需的费用最少）进行数据和算力的调度。

从目前的算力配置来看，宁夏、甘肃、贵州、四川等西部的算力中心拥有充足的算力资源。若将这些地区接入 IoDC 的网络中，成为网络中的可信算力，就能充分利用算力资源，"东数西算"的目标能更好地实现。

2.5.3 IoDC 网络构建的挑战

建设数据和计算的互联网的过程中充斥着很多挑战。例如，对于数据需求方来说，如何高效发现需要的数据；企业如何在保护数据安全和个人隐私的前提下，结合自己的数据和数据源的数据进行联合计算；各数据源的数据存储方式不同，有的存储在数据库中，有的存在大数据平台内，有的存储在对象存储系统中，如何将这些数据有效地利用起来；各数据源平台的部署情况不尽相同，有的可能在云上，有的可能是私有化部署，底层的算力资源如何有效地调动和利用起来；如何适配不同的底层算力；如何在模型流通过程中实现数据和算法的双重保护等。

由于每个 IoDC 参与者都是根据自身特定情况设计和构建数据和计算架构，因此异构成为 IoDC 的一个固有特性。当众多机构融入同一数据和计算互联网时，确保各方面的一致性是一个巨大的挑战。

1. 数据的异构

即使在已有统一数据标准的行业中，各数据源的原始数据标准和数据组织方式也可能存在差异。这种数据异构给不同数据源数据的统一处理带来了巨大挑战。为解决这一问题，IoDC 中的各数据源需采用统一的数据组织方式、数据字段和对应的数据标准，即通用数据模型。各数据源需通过数据治理，将原始数据转化为符合概念数据模型（conceptual data model，CDM）的统一数据资产，从而实现高效、跨数据源的数据发现和利用。

根据数据使用的不同目的，一个行业中可能存在不同颗粒度的 CDM。例如，在医疗领域中，若利用医疗数据支持基础应用，医院运营的数据库表和标准字段（如诊断、费用）可能已足够。然而，对于支持深度应用，如专病研究，可能需要依据更复杂的 CDM，如 OMOP 模型，并采用类似 SNOMED-CT 的术语集，以从原始病历中全面提取疾病研究所需的症状、体征等数据。

2. 信任的异构

在数据共享与协作的过程中，由于数据安全、个人隐私保护以及数据资产保护的需求，多个数据源之间往往无法直接共享原始数据。这种由于参与者间的不信任所产生的异构现象，被称为信任异构。而"原始数据不出域，数据可用不可见"正是通过隐私安全计算解决信任异构的有效方法。

当用户所需的数据全部来源于单一数据源时，可以在数据源侧完成计算，以解决数据源对数据安全保护的需求。然而，当用户需要将自己的数据与数据源的数据进行联合计算（如建立精准营销模型）或涉及多个数据源的数据时，则需要采用多方安全计算、同态加密、联邦学习或可信执行环境等隐私增强技术。

此外，有时算法本身也需要得到保护。例如，药物发现的各类算法是企业的核心机密，而大模型时代的各种基础模型也是投入巨资构建的。因此，对于模型的知识产权保护逐渐成为模型提供方的重要需求。在这种情况下，算法被视为一种数据。当算法和数据需要在同一计算场景中得到保护时，如在利用海量数据进行大模型训练的过程中，可信执行环境成为唯一可行的选择。

3. 算力的异构

在 IoDC 网络中，各参与者的计算能力通常也是"异构"的。一些参与者的数据存储在本地服务器上，不具备虚拟化能力；另一些则选择云端存储，以便充分利用云服务商提供的弹性计算能力。还有一些机构利用外部超算资源来处理数据。大型机构的数据和计算能力往往分布在多个互联网数据中心（internet data center，IDC）或云平台上，因此打通并协调不同算力资源面临诸多挑战。

为了实现 IoDC 网络内计算资源的有效利用，需要对底层算力资源进行统一抽象，并规范 IoDC 的应用部署方式，以适配这种抽象。这样，我们才能灵活调度并最大化地利用 IoDC 网络中的各种算力资源。

4. 存算方式的异构

在传统意义上，计算机的计算方式和存储方式往往是紧密耦合的。这是因为高效的计算方法往往需要相应的存储方式来配合。例如，随着大数据的出现，为了高效处理海量数据，采用了 MapReduce 的计算方法。该方法并行处理大量数据，然后将少量的中间结果聚合以形成最终结论。

这种计算方法是基于典型计算任务（如日志处理）和硬件环境而产生的。

由于机械硬盘随机读写速度较慢，且网卡带宽有限，即使在同一个 IDC 内部也很难支持大量数据的传输。为了适应这种计算方式，存储方面采用了 GFS/HDFS 文件系统设计，对顺序读写进行了优化。

随着硬件技术的进步，固态硬盘逐渐取代了机械硬盘，随机读取数据的速度不再是瓶颈，而网卡的带宽也提高了上百倍。这意味着大数据兴起时的硬件限制已经消失。因此，MapReduce 的数据处理方式可以应用于许多其他类型的存储系统，只要为其提供一套类似于 HDFS 的读写接口，就可以将大数据技术栈完美迁移过来。

在 IoDC 网络中，有的数据源的数据以库表的方式存储在传统的关系型数据库中，通过 SQL 语句进行计算；有的数据存储在大数据平台内，以 HDFS 语义按文件方式存储，通过 MapReduce 进行计算；有的数据存储在普通文件系统中，以 POSIX 语义按目录文件方式存储，通过传统 Linux 应用程序进行计算；还有的数据存储在对象存储系统内，以类似 S3 的语义进行读写。

当一个数据需求方需要联合计算来自不同数据源异构存储的数据时，需要先将异构存储同构化，例如，将数据都导入传统的 POSIX 文件系统。这会导致额外的存储和计算开销，并增加数据安全风险。

因此，更好的方法是统一"抽象"异构数据的存储方式（即数据虚拟化），并配合相应的计算方式对其存储语义进行表达。例如，为了使用大数据技术栈，将数据表达为 HDFS 语义。这样就可以实现有效的异构数据联合计算，即数据编排。

通过这种方式，可以利用"统一"的数据、"统一"的存算方式、"统一"的算力资源来加工处理数据，从而实现数据和计算互联网中资源的调度和高效利用。

2.5.4 打造开放的应用生态系统

在解决了 IoDC 底层的数据、算法、算力流通问题的基础上，还需要大量的应用创造者和服务商。他们在用户和底层资源之间，利用数据源和算力提供方提供的数据和算力，以及现有的应用，为用户创造更多的应用，为用户提供数据挖掘服务。

以健康医疗行业的 IoDC 为例，如图 2.3 所示，数据提供方将原始数据清洗、归一，用同样的标准将原始数据进行治理，并且按照通用数据模型将数据统一组织好后，就形成了行业间可以互通的数据资产。当数据需求方或者数据服务方接入这样的数据互联网时，他们看到的数据资产虽然来自不同的数据提供方，却是统一的、虚拟的数据资产。对于大多数用户来讲，做到这样还远远不够。

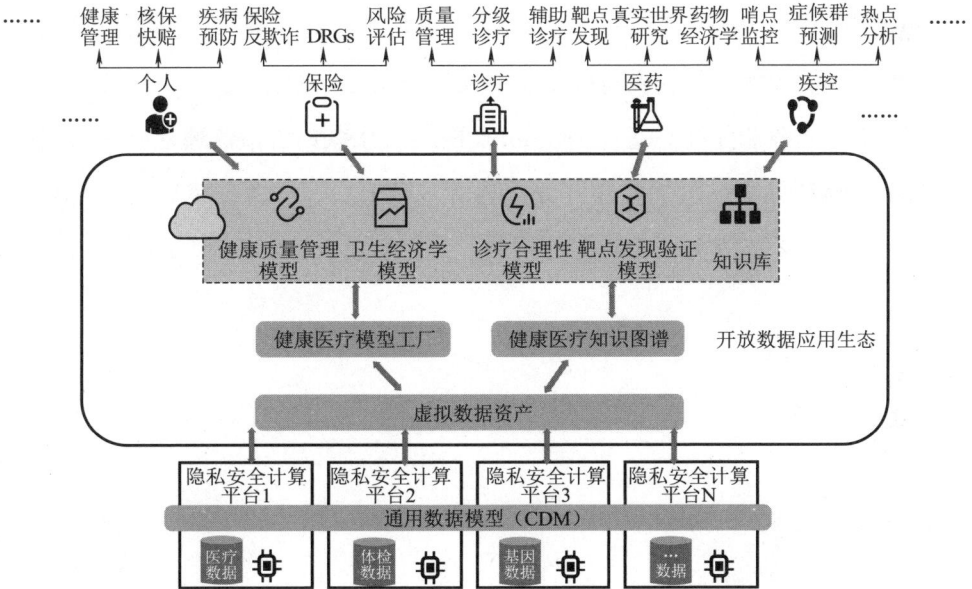

图 2.3　健康医疗行业的 IoDC

例如，某 IoDC 的用户希望利用不同三甲医院儿科的诊疗数据通过机器学习的方式训练一个疾病预测模型，其是机器学习的专家，但并不一定理解联邦学习，也不希望了解很多数据和算力调度的细节。因此，IoDC 的建设者需要能够做到将隐私计算和其他数据、算力、算法调度和配置的问题，尽可能让用户在计算过程中无感，就好像所有的原始数据都集中在一个计算平台进行处理一样。

实现这个目标的关键是将用户计算过程中所需要的数据、算力、算法的细节，通过平台应用来进行概括，然后通过 IoDC 的资源调度来满足应用执行的需求。只有做到这样，才能够让众多的数据服务者参与到数据价值挖掘的过程中，构建起一个开放的应用生态，释放出巨大的数据价值。

以健康医疗行业的数据和计算互联网为例，同样的健康医疗数据，可以用于生成疾病风险模型，帮助个人进行健康管理和疾病预防；可以用于生成卫生经济学模型，帮助保险和医药公司客观评估药效，进行相应定价；可以用于生成诊疗合理性模型，为临床诊疗提供帮助，避免错诊、漏诊；可以用于生成症候群预测模型，进行新发、突发传染病的预警。

这些可能性的前提是通过构建 IoDC 网络，让数据价值流通建立在数据安全、个人隐私保护、数据应用开放生态的基础上。这样才能将数据变为真正的生产要素，才能充分挖掘数据的价值，最终形成数据资产。

第3章

动力解析：
数字经济的驱动要素

劳动者、生产力和生产关系是驱动数字经济发展的三大要素，它们共同作用，相互促进，为数字经济的繁荣提供了强大的动力。数字经济时代，更多新职业出现，促使劳动者提升数字素养；"五全信息"有助于形成新的生产力，算力成为生产力的核心要素；企业组织具有新的特点，生产关系走向数字化。

3.1 构成要素之劳动者

劳动者是生产力的创造者，是生产力中起主导作用的要素，通过劳动将自己的智慧和技能转化为价值。物质要素只有和劳动者结合起来，才能真正形成生产力。数字经济催生了很多新职业，劳动者有更大的舞台可以释放自己的价值。

3.1.1 数字经济催生更多新职业

数字经济不仅为企业发展增添了活力，还催生了许多新职业，为劳动者提供了更多职业选择。

以 AI 行业为例，现在的一些与数字技术相关的新职业在过去并不存在，例如，数字化管理师、物联网工程师、云计算工程师、大数据工程师、AI 工程技术人员等都是新技术开发过程中衍生出来的新职业。每一种职业背后都是庞大的就业人群，以"数据标注员"这一职业为例，在我国，从事这一职业的全职工作者高达 10 万人，而从事兼职工作的人群规模接近 100 万人。

大数据行业中也涌现了许多新职业。例如，商务数据分析师从各个渠道收集营销数据、销售数据、用户行为数据等，对购物平台中商家的经营情况进行分析，从而找出店铺存在的问题并为店铺经营提供指导。

商务数据分析师的前景广阔，在电商平台大促期间较为忙碌。例如，在

"双 11 购物狂欢节"期间，商家想要明确备货体量、用户需求等，都需要数据分析的支撑。而商务数据分析师则能为商家提供帮助，助力商家业绩上升。

综上所述，数字经济不仅为企业的发展带来了前所未有的活力，还催生了众多新职业，为劳动者提供了更多元化的职业选择。从 AI 行业的数字化管理师、物联网工程师，到大数据行业的商务数据分析师等，这些新职业不仅代表着技术的进步，也预示着就业市场的变革。随着数字经济的不断发展，我们有理由相信，未来将有更多新职业涌现，为社会经济发展注入新的动力。

3.1.2　劳动者转型：提升数字素养

数字经济的迅猛发展与数字职业的涌现，使得企业对劳动者的能力有了新的要求。许多企业积极进行数字化转型，在这样的情况下，劳动者也需要进行转型，以提升数字素养，适应企业的发展。劳动者转型的方向主要有三个：

1. 技术型人才

随着大数据、云计算、人工智能等技术的快速发展，技术型人才的需求日益增长。劳动者可以通过学习编程、数据分析、机器学习等技能，转型为软件开发工程师、系统架构师、网络安全专家等技术型人才。

2. 数据型人才

在数字化时代，数据是推动业务决策和优化的关键要素。数据型人才负责数据的收集、处理、分析和挖掘工作。他们通过运用统计学、数据挖掘、机器学习等方法，从海量数据中提取有价值的信息，为企业的决策提供支持。劳动者可以通过学习数据分析、数据可视化、商业智能等技能，转型为数据分析师、数据科学家等数据型人才。

3. 流程型人才

流程型人才专注于业务流程优化和再造，通过引入数字化工具和方法，提高业务流程的效率和效果。流程型人才需要深入了解企业的业务运作机制，识别流程中的瓶颈和问题，并提出有效的改进方案。劳动者可以通过学习流程管理、项目管理、精益生产等技能，转型为流程顾问、项目经理等。

综上所述，技术型人才、数据型人才和流程型人才是数字化时代劳动者转型的三个重要方向。劳动者可以根据自身的兴趣、能力和市场需求选择合适的转型路径，并通过不断学习和实践提升自己的综合素质和竞争力。

3.2 构成要素之生产力

生产力是数字经济发展的根本动力。数字经济时代，出现了一些新的生产力，如算力。算力是生产力的核心，是传统经济实现数字化、智能化转型的重要基础。

3.2.1 生产力的"五全信息"

在数字技术和数字化转型趋势的推动下，数字化平台纷纷涌现。数字化平台拥有"五全特征"，即全空域、全场景、全价值、全流程、全解析。"五全特征"给全社会以及生产力带来了"五全信息"。基于"五全信息"，传统产业链可以催生新的经济组织，给传统产业带来颠覆。

信息是人们了解世界的重要载体，不同时代的信息的内涵和形态是不同的。例如，农业时代的信息是自然信息，工业时代的信息是市场信息，互联网时代的信息是流量信息，而数字经济时代的信息是"五全信息"。

具体来说，"五全信息"具有五个特征，如图 3.1 所示。

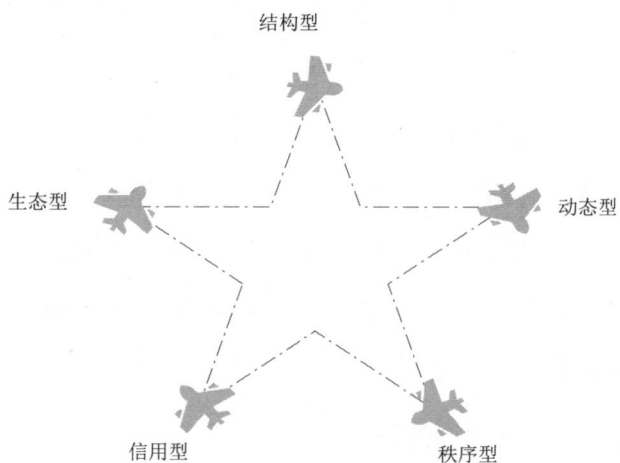

图 3.1 "五全信息"的五个特征

1. 结构型

"五全信息"是包含全样本的结构型信息，是对社会经济系统的结构型特征的描述，如对产业特征的描述、对社会运营数据的描述、对产业生态的刻画等。

2. 动态型

"五全信息"是展现经济系统或社会系统运营情况的动态信息，具有时间戳，能够展现事物在某一时间点的状态，可以用于总结事物发展规律、预测其未来发展趋势。

3. 秩序型

经济系统或社会系统的"五全信息"能够体现其秩序，既包含系统的基本制度，还包含系统运营规则。"五全信息"来自系统现有的秩序，可以帮助系统构建新的秩序。

4. 信用型

以往，信用问题无法得到有效解决。而数字经济时代，基于区块链等创新技术的"五全信息"具有很高的可信度，给经济系统和社会系统的运行带来彻底的变革。

5. 生态型

"五全信息"不是一个孤岛，其依托于特定的产业生态、社会背景而存在。"五全信息"包含的各种信息之间存在关联，以整体的形式呈现。

数字经济时代，数字化平台将会与更多领域融合，形成万物互联的生态，产生更多"五全信息"。"五全信息"在各个领域的应用，将催生产业新生态，推动数字经济发展。

3.2.2 算力：生产力的重要核心

用户购物的顺畅结算、大型游戏的顺畅运营、各类智能产品的逐步发展，都离不开一项重要的能力——算力。算力指的是计算能力，是数字经济时代的重要生产力。数字经济的发展以优化的算法与快速的计算速度为基础，因此，算力成为核心生产力。

算力在数字经济发展中扮演着重要角色。随着数字经济进入全新的发展阶段，数字经济的应用场景更加丰富，产业需求更加多样，这就需要更强大的计算能力作为支撑。许多企业纷纷发展算力产业，抢占未来发展先机。

目前，无人农场正在取代传统农业生产方式；送餐机器人部分取代真人送餐；AI 技术日渐成熟，虚拟数字人的自然交互能力有所提升；工厂利用数字孪生技术进行仿真模拟……在此基础上，算力需求呈现指数级增长，数据量的增加要求算力不断升级。算力是支撑新兴技术不断发展的重要动力，没有算力，一切将无从谈起，"算力时代"即将到来。

面对"算力时代"带来的发展机遇，许多企业都积极布局。例如，在"2022 年世界计算大会"上，拓维信息带来了自主计算品牌兆瀚。拓维信息是一家同时布局鸿蒙生态与智能计算的科技企业，兆瀚则是基于"鲲鹏处理器 + 昇腾 AI"技术底座，形成的较为完善的智能计算产品体系，能够实现车路协同与智慧路网的打造。

在展会上，拓维信息为用户演示了如何智能控制隧道灯光与如何针对隧道事件快速预警，展现了全场景智能运营的"智慧隧道解决方案"，能够为智慧城市赋能，帮助企业进行数字化转型。

再如，国产算力芯片龙头海光信息 2023 年业绩实现大幅增长，而这得益于中央处理器（central processing unit，CPU）和深度计算器（deep computing unit，DCU）的双重驱动。海光信息生产的高端处理器产品分为两个系列：通用处理器海光 CPU 系列、协处理器海光 DCU 系列。

海光信息的 CPU 分为高端的 7000 系列、中端的 5000 系列和低端的 3 000 系列，产品矩阵丰富，能够满足不同客户的需求。海光信息 CPU 系列产品兼容国际上主流的 x86 指令集、操作系统和应用软件，性能已经达到国际上同类高端处理器的水平，被广泛应用于通信、金融等领域。

海光信息的 DCU 系列产品基于通用图形处理器（general purpose graphics processing Unit，GPGPU）架构研发出来，可以兼容"类 CUDA"环境和国际上一些主流的商业计算软件、AI 软件，具有较强的适应性、并行计算能力和较高的能效比。值得一提的是，海光信息 DCU 系列产品中的"深算二号"为"悟道""紫东太初"、GPT、ChatGLM 等大模型得到全面应用提供支撑，且与百度的文心一言等大模型高度适配。

3.3 构成要素之生产关系

生产关系是人们在物质资料生产过程中所结成的社会关系。生产关系是生产方式的社会化形式，又被称为社会生产关系。数字经济时代，传统的生产关系需要适应新的生产力，因此需要进行数字化变革。

3.3.1　新时代企业的特点

组织是企业管理系统的框架,在企业运营中起着重要的作用。组织的形态、特点决定了组织效能能否有效发挥,从工业时代到数字经济时代,组织的形态经历了从职能驱动型到流程驱动型再到数据驱动型的转变,组织趋向扁平化、平台化,更加简洁、灵活。数字经济时代的组织是节点式的组织,基于数据赋能和信息网络,实现不同节点之间信息互通,从而对外界变化快速做出反应。数字经济时代的组织具有以下特点:

(1)横向上淡化边界。如今,借助数字化平台,企业与外部环境能够直接互动,企业内部与外部的协同更加高效,企业内部组织的开放程度更高。同时,企业内部组织的职能边界和业务边界模糊,并不断向外拓展,提升了组织的效能。

(2)纵向上简化层级。在数字经济蓬勃发展的背景下,市场需求不断变化。企业可以通过简化组织层级使组织扁平化、平台化、去中心化,以减少信息传递的中间环节,及时响应市场需求,提高决策效率和运营效率,高效生产。

(3)更加敏捷、灵活。简化组织层级后,组织更加敏捷、灵活,能够积极拥抱变化、不断学习、对客户需求快速反应。例如,阿米巴团队就是一种敏捷组织,能够激发组织各层级的活力,快速满足市场需求,在激烈的竞争中抢占先机。

(4)能够作为创新赋能的平台。数字经济时代的组织具有更高的自主性,能够作为平台整合企业内外部的各类资源,为员工创新赋能,如为员工提供人力、技术等方面的支持。这样的组织能够自我驱动,对客户需求能够实现实时、低成本的响应。

数字经济时代的组织能够为企业的发展提供源源不断的动力,使企业永葆创新活力。基于此,企业可以高效、敏捷地开展各项业务,实现效益增长和可持续发展。

3.3.2 生产关系向数字化方向发展

生产力决定生产关系，而生产力的发展往往领先于生产关系，因此，生产关系需要随生产力的变化而变化。生产关系和生产力匹配，能够促进生产力的发展；反之，则会阻碍生产力的发展。

数字经济时代，生产力快速发展，原有的生产关系不能与新生产力匹配，亟待向数字化方向发展。如今，数字经济高质量发展的一个重要体现，就是将传统的数字关系变革为数字化生产关系。数字化生产关系指的是能够匹配数字生产力的生产关系，主要具有三个特征：

（1）数据透明。数字化生产关系能够打破数据孤岛，实现数据透明。而数据透明能够促进权力再分配，实现公平，原有的职能型、层级化的组织架构会被改变。

（2）全员可信。信用是经济发展的重要保障，是组织运转的基础。云计算、5G、人工智能等先进技术催生了大量新的生产力，为生产关系的变革提供支撑，能够生成具有可信度、各个节点互通的信息。同时，基于区块链技术，产业链中的每一个人、每一个环节都是可信的，全员可信的信用体系得以构建。

（3）身份对等。如今，我国已从劳动力人口红利时代进入智慧人口红利时代。在新时代，生产关系中的身份对等体现在两个方面：一是生产体系中的每一个成员身份都是平等的，以管理者为核心的传统管理理念被时代淘汰，管理者成为赋能者，激发员工的潜能最大化释放；二是数字技术使得个体在网络世界中的身份和现实世界中的身份具有对等性，个体可以基于数据透明和信任发挥自己的潜力和创造力，充分释放自己的价值。

生产关系数字化是数字经济时代的必然趋势，能够反作用于生产力变革。生产力和生产关系相互作用、相互依存，共同推动数字经济迈向新高度。

3.3.3 如何构建新生产关系

随着社会进步和生产力发展，传统的生产关系亟待变革。相关方可以从三个方面入手，推动新型数字化生产关系构建。

（1）推动体系和机制建立。推动面向全社会、信息透明的体系和机制建立，并加快建设面向垂直领域的信用体系。相关方应基于可信技术推动建立信息透明的经济体系和运行机制，保障经济生态中信息公开透明和交易公平。

（2）加大数字经济发展力度。加大数字经济发展力度，充分发挥数字资产对数字经济发展的重要作用，推动建立以信用为核心的产业互联网。数字化时代，数字空间价值凸显，是人们进行价值创造、发展数字经济的主要阵地。

想要推动数字经济快速发展，就要重视数字资产的价值，从宏观层面上制定数字资产确权、交易等机制。企业可以在数字空间中大胆进行设计、生产、物流运输等的创新，充分挖掘数字空间的价值。

在促进数字经济发展方面，传统产业转型势在必行，而建立产业互联网是传统产业转型的有效途径。产业互联网是催生新型数字化生产关系的重要平台，相关方应加快建设产业信用体系，积极布局产业互联网，以推动数字经济高速发展。

（3）加快推动与数字化生产关系相契合的商业模式创新。企业应基于数字化生产关系数据透明、全员可信、身份对等三个特点，从设计、生产、运营、服务等方面入手大胆进行商业模式创新。

数字化生产关系可以为数字生产力的发展提供良好的环境，相关方应利用数字技术积极创新生产关系，促进传统产业升级和产业互联网构建，给数字经济插上腾飞的翅膀。

第4章

变革创新:
打造数字经济新生态

任何一个时代的发展都离不开变革和创新,数字经济时代更是这样,例如,商业模式变革和组织模式变革加剧。新一轮科技革命和产业变革重塑了全球创新创业版图和全球经济结构,数字经济带来的许多创业机会为新创意、新产业的落地提供温床。在这样的时代,新事物不断涌现,经济发展更具活力,数字经济新生态逐渐形成。

4.1 创业形势变革

数字经济时代，创新、创业是主旋律，数字化、智能化成为创业的一大要素。数字经济蓬勃发展，给创业者提供了更多创业机会，创业者有更广阔的天地可以释放自己的潜力和创造力。

4.1.1 数字经济带来第四次创业浪潮

数字经济的浪潮席卷全球，给社会生产和人们的生活带来新的变化。云计算、大数据、人工智能等数字技术带来的变革渗透人们的生活，掀起了一波新的创新、创业浪潮。

数字化改变了创业的底层逻辑和基本要素，丰富了创业的内涵和形式。具体来说，创业者在创业过程中获取、利用机会和资源的方式发生了变化；传统的商业逻辑被颠覆；信息、数据的价值凸显，走向线上化，能够在市场以及不同创业主体之间高效流动和有序共享。在数字技术的作用下，传统创业的过程与结果的边界逐渐被打破，创业更加自由。

数字经济的发展为创业者提供了广阔的创业蓝海，数字化、智能化成为创业的重要因素。数字化转型和数字创业推动新兴产业发展和经济增长，在数字经济领域，在线医疗、在线教育、虚拟产业园、无人经济等新兴产业蓬勃发展，释放很多潜力和价值。

数字技术对创业的赋能体现了智力资本和创意资本的价值，推动经济发展形势发生深层次变革，最终形成以数字创业为基础的创业新生态。

近年来，聚焦数字创业的初创企业层出不穷。许多初创企业借助数字技术颠覆传统商业模式，打破商业活动时间和空间的限制，重构了市场规则和行业运行逻辑，乘着数字经济的东风实现了快速增长。

阿里巴巴、京东、腾讯、小米等互联网巨头也在数字创业领域积极布局，开创数字化的创业模式，为初创企业提供孵化平台和资源支持。

在互联网和数字技术的支持下，创业者可以利用数字平台和社交媒体快速创建自己的品牌、扩大市场。借助大数据技术和数字化工具，创业者可以更精准地挖掘用户需求和市场变化趋势，从而明确产品定位，制定更具针对性的营销策略。数字经济时代还给创业者提供了很多连接资源、资金、用户的渠道和方式，为初创企业的发展提供了广阔的空间。

4.1.2 AI 领域不断增长的创业机会

数字经济的发展离不开数据、算法、算力三要素的推动，而三要素的发展需要智能化的工具、软件，由此引发了创业者在 AI 领域进行创业的浪潮。具体来说，数字经济时代 AI 领域的创业主要聚焦 AI 芯片和 AI 大模型。

1. AI 芯片

芯片是数据处理的核心，为系统的应用提供算力支持。随着需求端的爆发，AI 芯片供应端迎来了新的发展机遇，成为一个热门的创业方向。

例如，原粒（北京）半导体技术有限公司（以下简称"原粒半导体"）成立于 2023 年 4 月，是一家 AI Chiplet（芯粒）供应商。原粒半导体凭借在国际上处于领先地位的 Chiplet 设计方法和 AI 处理器设计技术，能够提供高效、低成本、通用型的 Chiplet 组件和工具链，为客户部署大规模的多模态大模型提供强大的算力支持。

原粒半导体提供的组件和工具链还支持客户根据自己的实际业务发展需要灵活、高效地配置所需规格的 AI 芯片，且能够实现多种芯片互联以拓展算力，能够很好地满足大规模的多模态大模型进行推理及训练微调的需求。

2023 年 6 月，原粒半导体完成数千万元的种子轮融资，由英诺天使基金领投，中关村发展集团、水木清华校友种子基金等机构跟投，这表明资本市场对其发展前景看好。

2. AI 大模型

百川智能是一家于 2023 年 4 月成立的 AI 大语言模型企业，主要的业务发展方向为研发并提供通用人工智能服务。2023 年 6 月，百川智能发布参数为 70 亿个的开源大模型 Baichuan-7B。一个月之后，百川智能又发布了参数为 130 亿个的开源大模型 Baichuan-13B。

2023 年 9 月，百川智能宣布正式开源微调后的 Baichuan 2-7B、Baichuan 2-13B、Baichuan 2-13B-Chat 及其 4bit 量化版大模型，且都为免费可商用的。Baichuan 2 系列大模型建立在上一代大模型的基础之上，相较于上一代大模型，其数学能力提升 49%，逻辑能力提升 25%，安全能力提升 37%，语义理解能力提升 15%。

目前，Baichuan 2 系列大模型已在 Hugging Face、Github、Model Scop 等平台实现落地应用，受到用户的广泛好评，创造了巨大的价值。

数字经济时代，能够紧抓 AI 发展机遇的创业者和企业往往拥有强大的数字能力和应变能力，能够不断升级自己的认知，直面挑战，在创业浪潮中勇立潮头。

4.2　商业模式创新

在经济快速发展、市场竞争加剧的情况下，商业模式创新成为一个热门话题。通过商业模式创新，企业能够重获生机与活力，在市场竞争中占据优势。在进行商业模式创新之前，企业需要明确影响商业模式的因素，然后探索商业模式创新路径。

4.2.1 商业模式创新的影响因素

商业模式创新是企业提高自身竞争力的有效手段之一，它可以创造新的市场机会，提高企业的盈利能力。影响商业模式创新的因素主要有六个，具体如下：

1. 科技创新

科技创新是推动商业模式创新的一大因素，技术的进步和发展，为商业模式创新提供了基础和实现的可能性，使商业模式创新的速度和效率得以提升。例如，随着大数据技术的发展，大数据在阿里巴巴企业中的战略地位越来越高，其旗下的淘宝购物平台推出多种大数据业务，如阿里信用贷款、淘宝数据魔方、天猫聚石塔平台等。

再如，共享技术的出现和发展，催生了共享经济这一全新的商业模式，个人的闲置资源可以成为商品，实现商业变现，使资源得到最大化利用。

2. 用户需求

随着时代变化，用户的消费能力和消费水平提升，消费需求发生变化。传统的商业模式无法满足用户的新需求，因此商业模式亟待创新。例如，用户需求个性化催生了定制化生产的商业模式，满足了用户对个性化产品的需求；用户更注重消费带来的乐趣而不是产品本身的价值，使得体验式消费这一商业模式出现并蓬勃发展。

3. 外部竞争环境

数字经济时代，外部竞争环境发生了很大的变化，例如，参与竞争的主体从具体的经营者转变为不同的商业生态，竞争强度更大。

这在购物领域体现得尤为明显，随着人工智能、大数据等技术的发展，线上零售平台出现，给线下购物带来了很大的挑战，挤压了线下实体门店的生存空间。在这样的环境下，传统零售企业应明确自身的优劣势，找到能在新时代的竞争中脱颖而出的关键点，以此为基础进行商业模式创新。

4. 企业战略

企业战略在一定程度上决定商业模式创新的方向和结果。企业管理者要了解市场发展趋势和市场需求变化情况，制定合理的企业战略，为商业模式创新提供顶层设计支持。如果企业战略与企业的实际情况不匹配，可能会导致商业模式创新失败。

5. 企业文化

企业文化对企业的商业模式创新有着重要的影响，良好的企业文化能够为商业模式创新提供重要支撑。例如，开放，包容，鼓励员工创新、不断学习，重视员工提出创意想法的企业文化有利于企业打破思维定式，找到商业模式创新的切入点。

6. 企业拥有的资源

商业模式创新需要资源的支持，如资金、人才、技术等。没有资源，商业模式创新最终只是纸上谈兵、很难落地。在进行商业模式创新前，企业应先梳理、整合自己拥有的资源，以明确商业模式创新能否顺利进行。

以上六个因素对商业模式创新都有重要的影响。企业应认真分析这些因素，明确商业模式创新路径，在数字经济时代开拓一条康庄大道。

4.2.2 新型商业模式崛起

数字经济时代的到来，带来了很多商机，给商业领域带来巨大变革。在新技术的推动下，传统商业模式被颠覆，一些新型商业模式崛起，如共享经济模式、数据驱动模式、社交电商模式、私域经济模式等。

1. 共享经济模式

共享经济模式是数字经济时代的重要商业模式之一，核心是利用数字化平台，将供需双方连接起来，实现资源的共享、互利，如共享单车、共享汽车、共享停车位、共享办公室等。

共享经济模式给用户带来了很大便利，深刻影响用户的生活和工作方式。通过共享经济平台，用户可以以较低的成本获得所需产品或服务。而对于提供共享产品或服务的一方来说，共享经济模式为其提供了灵活的创业机会和额外的收入来源。

2.数据驱动模式

数据驱动模式以数据要素流通和价值转化为核心，通过各种渠道收集用户数据并对其进行分析，深入了解用户的需求和行为，从而优化业务流程、改进产品和服务，提升用户的满意度，获取更多商业价值。

数据驱动模式的关键在于充分挖掘用户数据资源的价值，实现针对用户需求的个性化定制和精准营销。例如，零售企业可以通过分析用户的历史购物数据、商品浏览数据等，为用户提供精准的商品，促使用户购买，实现销售转化率和销售额的提升。

3.社交电商模式

社交电商模式即结合了社交媒体和电商购物的商业模式。通过社交媒体平台，商家可以直接与用户互动，向用户推销自己的商品。而通过社交媒体平台，用户可以分享自己的购物心得、体验或将商品推荐给朋友，帮助商家提高商品的曝光度，给商家带来更多销售机会。

拼多多是社交电商的典型代表之一，依靠"社交＋拼团"的模式发展，通过微信提供的流量入口打造庞大的流量池，奠定社交模式的基础；其拼团模式所需的支付工具也可以通过微信支付轻易解决。如此一来，拼多多借助腾讯的流量，吸引更多的人加入网购，通过拼单、砍价等玩法吸引用户将链接分享到微信群、朋友圈，促使用户拉好友以享受优惠。这样一方面增加了用户黏性，另一方面提高交易频次，快速建立新的生态圈。

4.私域经济模式

私域经济模式建立在私域流量的基础上，指的是企业打造社交平台、电商平台等，通过积累用户数据、建立粉丝群等方式，将用户从第三方平台导流到自己的平台，从而对用户进行精准营销、为用户提供个性化服务的商业模式。

私域经济的典型特点是个性化和定制化，更加注重用户的忠诚度和参与度，企业与用户的关系更稳定。在这种商业模式下，企业更能了解用户的需求，能够通过提供个性化、定制化的产品或服务，吸引用户的关注，提升用户的黏性和转化率。而用户在私域经济中更容易获得归属感，感受到企业对他们的关注，成为企业的忠实粉丝。

私域经济能够给企业带来更多盈利机会，企业可以通过很多方式获取利润，如内容付费、发展粉丝经济等。此外，私域经济还给企业带来更多合作机会，企业可以与其他企业或用户合作，获得更大的盈利空间。

4.3 组织模式变革

为了顺应数字经济潮流，享受时代红利，企业的组织模式需要与时俱进、进行变革。而云端制组织模式具有灵活、弹性高等优点，成为越来越多企业的选择。下面从什么是最好的组织模式、云端制的具体内涵、拼多多组织架构升级实例三个方面具体讲解数字经济时代的组织模式变革。

4.3.1 什么是最好的组织模式

在数字经济浪潮下，一些企业主动创新组织模式，掌握发展主动权；一些企业则被数字经济的浪潮推着向前，被动地变革组织模式。无论是主动还是被动，在新时代，很多企业的组织模式都发生了变化。

随着不同企业的不断创新、变革，新的组织模式涌现，如平台化组织、无边界组织、生态型组织、敏捷型组织、阿米巴组织等。那么，哪一种组织模式更好呢？

实际上，这些组织模式没有优劣之分，适合企业、符合企业实际情况的组织模式就是最好的。

虽然不同的组织模式有不同的特点，适合不同类型的企业，但是推动企业进行组织模式变革的根本原因是相同的，即企业对提高组织效益的需求。也就是说，组织之所以要进行模式变革，是因为希望使原本没有产生效益的业务产生效益、使原本效益较低的业务效益更高。而组织模式变革能够起到这样的作用的原因，是组织边界得到进一步拓展。

如果将组织比作一个生物体，那么组织边界就是生物体与外界环境产生交互以及与外界进行资源、能量交换的地方。对于企业来说，组织边界拓展意味着竞争力提高。但是组织边界不能无限制拓展，因为随着组织边界拓展，组织管理的成本会增加。当组织边界拓展的成本和带来的效益达到平衡时，企业就要停止组织边界拓展的步伐。

数字经济的数字化特征使得商业交易的成本大幅降低，从而倒逼企业降低成本。因此，企业应积极变革内部组织模式，以应对外部市场带来的冲击，否则，企业可能出现亏损。

在数字经济时代，无论企业采取什么样的组织模式，都要确保其与自身的实际情况相符、与自身的需求相契合。组织模式变革是企业顺应时代潮流的必然选择，也是企业提升创新能力、保持竞争力的必然要求。企业应借助数字技术，通过重塑组织架构、搭建平台等方式，打造更加灵活、更加高效、更具柔性的组织模式。

4.3.2 云端制：数字经济时代新变革

在"云计算＋互联网＋智能终端"这一信息传输模式下，开放式、对等性等技术特征渗透到企业的组织管理中，以往的科层制组织升级为具有灵活性、柔性的云端制组织，即平台型组织。

云端制组织是一种能够在新的商业浪潮中紧抓机遇、直面挑战，将自身变为提供资源的平台，并通过开放、共享的机制，给予组织成员充分的决策权，使组织成员能够灵活地调配各种资源、满足用户需求的组织模式。

随着企业之间、用户之间以及用户与企业之间的连接更加广泛而深入，企业需要面对三张网络：企业之间分工协作形成的协同网络；基于企业内部组织结构，以流程为核心的结构网络；用户个性化需求催生的动态需求网络。面对这三张网络，企业需要积极变革组织模式，推动组织模式云端制，以及时捕捉、响应、满足用户的需求。

在数字经济时代，越来越多的企业采用云端制组织模式，引发了组织模式变革热潮。很多巨头企业都采用云端制组织模式，如谷歌、华为、阿里巴巴、腾讯、字节跳动、京东等。

波士顿咨询公司概括了云端制组织的四个特征：一是大量自主的小前端；二是大规模的支撑平台；三是多元化的生态体系；四是自下而上的创业精神。"大平台＋小前端"是云端制组织的典型结构。"大平台"指的是能够给前端提供设计方法、系统性服务等内容的流程管理和产品服务平台，它在组织模式变革中扮演着基础服务提供商、数据提供商、资源调度者的角色。"小前端"指的是具有灵活性的一线业务团队、业务人员等，它们能够接触到用户、了解用户的需求，可以帮助用户提升体验，获取更多价值。

在"大平台＋小前端"这一组织模式下，华为在前端组建了"高、精、专"的业务团队，在后端设立了区域、总部两级平台，同时在后端建设全球能力中心，为前端提供专业能力、数据、知识等方面的支持。华为曾提出"大平台支持精兵作战"的战略，并进行了"让听得到炮声的人能呼唤到炮火"的变革，这都是对"大平台＋小前端"的有效实践。

云端制组织模式是数字经济时代组织模式的创新形态，具有优越性，能够支撑企业进行业务流程、团队架构等方面的优化升级，从而更好地顺应时代潮流，实现可持续发展。

4.3.3 拼多多：组织架构新一轮升级

2023年4月，拼多多集团发布公告称，联合创始人赵佳臻出任执行董事和联席CEO，与董事长、联席CEO陈磊搭档，共同负责公司运营。这是继2021年3月创始人黄峥卸任董事长之后，拼多多组织架构的新一轮升级。

根据拼多多集团发布的公告，赵佳臻负责平台运营、商家服务、用户拓展、社区搭建等业务，陈磊负责技术研发、农业电商、新业务等方面。

调整之后，拼多多的组织架构具有四个特点，如图4.1所示。

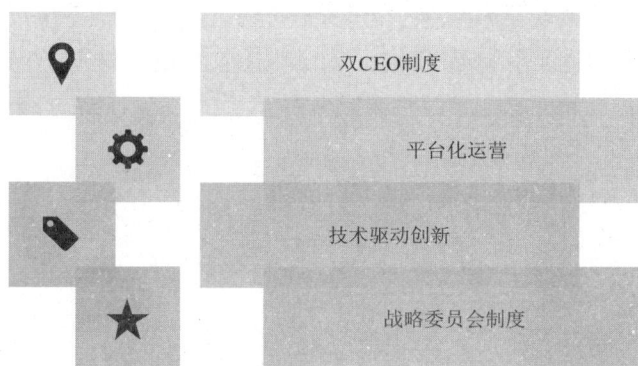

图 4.1 拼多多新组织架构的四个特点

1. 双CEO制度

拼多多设立了联席CEO，即两位CEO分工合作，各自负责不同的业务板块。这样既可以充分发挥他们的专长，又可以避免单一领导者决策失误，引发风险。

2. 平台化运营

拼多多对平台化运营很重视，而赵佳臻在供应链管理方面很擅长，因此由他负责这部分业务。作为一个社交电商平台，拼多多的平台机制需要不断优化，以提升用户消费体验和商家服务效率，打造良好的社区氛围。

3. 技术驱动创新

由陈磊负责技术研发、农业电商、新业务等方面，是拼多多落地技术驱动创新战略的具体做法。作为一个电商平台，拼多多需要加大技术研发力度，提升自身的创新能力，挖掘新的增长点，实现持续性的效益提升。

4. 战略委员会制度

组织架构调整之后，拼多多还成立了战略委员会，成员为黄峥、陈磊、赵佳臻三人，负责制定公司发展战略和作出重大决策。这样既可以将三人的经验、想法整合，使战略更具科学性，又可以使公司战略具有一致性和更强的执行力。

升级之后，拼多多的组织架构更能适应公司规模不断增长的需要，能够更灵活地应对市场竞争和外界变化，实现"让农业更美好"的愿景和"用科技推动社会进步"的使命。

第 5 章

前景展望：

畅想数字经济未来趋势

数字经济作为一种全新的经济形态，给人们生活的方方面面带来重大改变。企业需要在了解数字经济发展趋势的情况下，积极调整自身，迎接新时代的到来，以抢占红利。

5.1 数字经济的未来畅想

数字经济能够为用户带来许多全新的体验。未来，技术将发生变革，量子信息将会发挥作用；世界将会发生改变，用户将会进入 Web 3.0 世界；随着 ChatGPT 横空出世并引起广泛关注，AIGC 越来越火爆。

5.1.1 技术畅想：量子信息发挥作用

量子信息技术是一种能够借助量子物理学原理进行信息传输、存储和处理的新兴信息技术，包括量子计算、量子通信和量子测量等。其拥有许多优势，如抗干扰能力强、安全性有保障、处理信息速度快等。

量子计算是一种能够对数据进行高速运算、存储和处理的新型计算技术，能够大幅提高计算机的计算能力。量子计算主要应用于科学研究，并逐步向商业化应用拓展。量子计算在 AI、医药、金融等方面都具有巨大的潜力。例如，在 AI 领域，量子计算能够提高数据处理的速度；在医药领域，量子计算可以模拟小分子，助力药物开发。

在量子通信领域，许多研发成果层出不穷。例如，量子密钥分发技术为通信安全提供了有力保障。量子密钥分发技术是一种应用广泛的加密通信技术，能够借助量子纠缠和量子比特的特性使对话的双方共享相同的密钥。在双方沟通过程中，密钥将会以量子比特的形式进行传输，即使通话被窃听，窃听者也无法破译相关内容。

量子随机数生成技术也能够实现加密通话。量子随机数生成技术指的是依靠量子比特随机生成一组数字序列。由于量子比特具有随机性，因此其随机生成的数字序列具有安全性，能够用于加密数据的传输、身份认证等。

在量子测量领域，量子测量技术可以精确到纳米、亚纳米级别，这使其可以用于生命科学领域。量子测量技术能够对血液中微量物质的含量进行精准分析。

总之，量子信息技术作为新兴产业，具有广阔的发展前景。我国正积极布局量子信息技术产业，努力打造新的发展优势，为数字经济的创新发展注入强大动力。

5.1.2　世界畅想：Web 3.0世界到来

互联网的发展经历了漫长的过程，从仅能浏览网页的 Web 1.0，到注重互动和社交的 Web 2.0，最后迎来了一个全新的互联网时代 Web 3.0。Web 3.0 被称为互联网的下一代，能够对数字经济时代产生重大影响。

1. Web 3.0 的特征

Web 3.0 的核心特征是去中心化、主动性强、多维化，是一个全新的时代。在 Web 3.0 世界中，用户可以为了满足自身的需求进行交互，并在交互过程中利用区块链技术，实现价值创造、分配与流通。整个用户交互、价值流通的过程构成了 Web 3.0 生态。

在 Web 2.0 时代，数据被存储在单个数据库中，Web 3.0 则致力于构建用户所有、用户共建的去中心化网络生态，使数据在区块链上运行或者实现点对点运行。

2.Web 3.0 的发展

Web 3.0 的未来发展，以数字身份认证、数据确权、商业价值归属和去中心化这四个方面为重点。

（1）数字身份认证。在 Web 3.0 时代，用户能够打造一个去中心化的通用数字身份体系，利用钱包地址就可以在各个平台通行，而不必在不同的中心化平台创建不同身份。

（2）数据确权。在 Web 2.0 时代，用户的数据存储在中心化服务器上，被各大平台掌握，数据的安全性较低，有泄露、被篡改的风险。在 Web 3.0 时代，用户的数据经过密码算法加密后可以存储在分布式账本上，区块链不可篡改的特性可以保证用户数据的确权与价值归属。

（3）商业价值归属。在 Web 2.0 时代，用户的商业价值归属于平台，而在 Web 3.0 时代，用户的数据不会被平台占有和使用，这彻底改变了商业逻辑和用户的商业价值归属，打造了一个更加平等的互联网商业环境，打破超级平台的垄断。

（4）去中心化。去中心化指的是用户可以自己拥有、控制互联网的各个部分，而无须通过微博、谷歌等中介访问互联网的数据。在 Web 3.0 时代，开发者无须使用单个服务器建立、部署应用，也无须在单独的数据库中存储数据，降低了单点故障发生的概率。

未来，Web 3.0 将构建一个更加开放、公平、安全的网络世界，虽然距离 Web 3.0 时代真正到来还有很长的路要走，但 Web 3.0 已经初现雏形，等待用户深入探索。

5.1.3　热点畅想：AIGC 越来越火爆

2022 年 11 月，人工智能研究实验室 OpenAI 推出了新一代聊天机器人模型——ChatGPT。从横空出世到热度不断，ChatGPT 引发了科技界的广泛关注，刷新了用户对人工智能的认知，使用户对数字经济时代有了更多的期待。

ChatGPT 是一个典型的人工智能生成内容（Artificial Intelligence Generated Content，AIGC）应用，是 AI 文本处理方式的新研究和新突破。其背后的底层支撑是 GPT 系列大模型，目前，该系列大模型已发展到第 4 代，即 GPT-4。

除了完成各种语言任务外，GPT-4 还可以完成编程、医学、心理学等多个领域的复杂任务。GPT-4 在一些领域的表现甚至可以达到人类的水平。GPT-4 还可以自动学习各种新内容，不断自我优化，提升自身智慧性。

自推出后，ChatGPT 用户迅猛增长，成为火爆的消费级应用。ChatGPT 带动了 AIGC 行业的发展，其背后的生成式 AI 技术引起了许多研究者的关注。部分研究者认为，生成式 AI 能够为数字经济的发展提供动能，驱动数字经济发展进入快车道。

具体来说，ChatGPT 能够在多个细分领域发展，衍生出全新的应用场景，促进教育、医疗、媒体、金融等领域与 AIGC 融合。

在商业服务领域，ChatGPT 能够在自然语言处理与文本生成方面发挥作用，可以自动生成文本摘要、进行机器翻译，还可以作为智能客服，准确理解用户的意图并满足用户的需求，提升企业的服务水平。ChatGPT 可能会推动人机交互模式发生变革，提升人机交互的智能性，优化人机交互体验。

在教育行业，ChatGPT 可以帮助学生学习、帮助教师开展教学工作。对于学生来说，ChatGPT 可以解答学生的疑惑、问题，帮助学生进一步学习、理解、巩固知识；对于教师而言，ChatGPT 能够帮助教师备课，辅助教学。

在科研领域，ChatGPT 可以帮助科研人员搜集资料，生成论文摘要与文献综述。升级后，ChatGPT 有可能为科研人员提供专业建议。

在传媒方面，ChatGPT 的应用场景更加广泛，可以帮助新闻从业者更加准确、快速地生产内容。随着 ChatGPT 与其他办公软件融合，将会产生新的生产工具，大幅提升内容生产效率。

在网络安全方面，ChatGPT 可以用于网络数据分析，例如，对攻击数据进行分析，并输出报告，帮助用户了解潜在的网络威胁；用于安全监测，对流量进行分析，识别异常流量，帮助用户及时应对网络威胁。

面对 ChatGPT 的爆火，一些企业充分认识到 AIGC 为经济发展带来的动力，加快布局内容智能生成领域，抢抓发展机遇。例如，2023 年 4 月，阿里巴巴推出通用大模型"通义千问"。该模型具有多轮对话、文案创作等功能，且具有逻辑推理能力，能够完成多样化的内容生成任务。

2023 年 12 月，学而思公布了 MathGPT 大模型（"九章"大模型）。该大模型是学而思学习机的 AI 芯片，具有自动解答数学题、批改复杂应用题、批改语文和英语作文、针对学生的个性化学习需求分步骤讲题等功能。基于该大模型，学而思学习机的功能更加多样化，解答学生疑惑的效率更高。

此外，我国的主流大模型还有华为的"盘古"大模型、科大讯飞的"星火"大模型、腾讯"混元"大模型、拓尔思的"拓天"大模型等。我国大模型领域呈现百花齐放的局面，通用大模型和垂直行业大模型层出不穷，共同推动 AIGC 产业繁荣发展。

总之，随着大模型的发展，AIGC 将越来越火爆，能够赋能产业数字化、经济数字化，为各行各业的数字化转型升级提供技术支撑和方向指引。

5.1.4 生态模式畅想：经济主体的自由度更高

大数据、云计算、人工智能等技术的进步使得数据、算法、算力三要素对数字经济的赋能作用更加明显。未来，这些要素将实现爆发，融合发展的方式将更加多样化，更多新的商业生态模式将形成。

很多学者、数字经济领域的参与者都对数字经济的未来生态模式进行畅想，主要有四种观点。

观点一：个体将成为自由连接体

数字经济能够创造大量的就业机会，促进民生发展和社会稳定。未来，基于网络连接，社会中的个体都能成为数字经济生态系统中的自由连接体，催生更多的就业机会。

未来的就业将呈现以下几个趋势：

（1）"平台 + 个人"的"平台式就业"将成为就业的一大主流方向。

（2）基于互联网的"创业式就业"将成为一种重要的就业方式。

（3）"U 盘式就业"（即插即用式就业）、分时就业等更多灵活就业方式出现，将极大地提升人们的幸福感。

（4）跨越地理空间距离、依托于网络的"分布式就业"将成为一种普遍的就业方式。

（5）在数字技术的助力下，残疾人、农民工等传统经济形态下的弱势人群将获得公平的就业机会。

在未来，人们将更倾向于成为小说作者、瑜伽老师、服装设计师等，与机器共生共存；8小时工作制可能被打破，很大一部分劳动力将借助网络实现自我雇佣和灵活就业。

观点二：人人经济蓬勃发展

基于网络连接，社会上的每一个个体都有可能在数字经济活动中成为一个活跃的主体，可以充分释放自己的创意、创造力，实现创业、创新。在这样的背景下，每个人都可以打造个人IP，人人设计、人人销售、人人制造等新的生产经营模式将涌现，形成人人经济蓬勃发展的新局面。

未来，众创众设将成为企业加快技术研发、推进产品设计的一个重要方式，用户可以通过网络渠道、媒体平台等参与企业公开的研发设计项目，为企业的发展贡献自己的智慧，同时获得相应的报酬，拓宽收入来源。

观点三：平台经济体出现

技术创新往往会引发经济组织变革，"共享平台 + 企业 / 个人"的经济组织方式在未来将实现进一步发展。小企业、用户与平台经济体融合，将变得更加强大，可以像大企业那样拥有更多资源，有能力进行创造并在全球交易创造成果。

观点四：万物在线化与数据"核爆"

在数字技术的助力下，人的在线化程度不断提高，物的在线化迅速发展。人与人之间、人与物之间以及物与物之间形成了一个互联互通的网络，人与机器可以自由穿梭在虚拟世界与现实世界之间。

未来，人们的衣服、鞋子等都将接入物联网；植入人体式的手机将出现；无人驾驶汽车的保有量将不断提升，共享汽车的驾驶里程将超过私家车；大部分家庭都有智能助理，智能助理可以自主完成买菜、做饭、打扫卫生、行程提醒等工作；自然人机交互将成为主流，人们可以通过自然语言、肢体动作，甚至眼神、脑海中的意识与机器交流。

基于人与机器的互动和人的在线化、物的在线化，数据的数量将呈现爆炸式增长，形态、类型更加多样，能够为数字经济的发展提供更多价值。

无论人们对数字经济持什么态度，对其做出什么畅想，毫无疑问，数字经济的发展必然会引发大变革。未来，数字化的产品和工具将主导我们的生活、工作，给我们带来更多便利。

5.2　数据资源的三大发展趋势

数字经济时代，数据呈现三大发展趋势，分别是要素化、资产化和智能化。数据要素化、资产化和智能化使得数据流通的效率和带来的价值大幅提升，数据要素的应用前景更加广阔。

5.2.1　要素化

顾名思义，数据要素化指的是数据成为生产要素。想要了解数据要素，首先要了解什么是生产要素。

生产要素指的是生产经营活动需要的各种资源，是支撑经济发展以及企业生产经营的基本因素。生产要素的内涵会随着时代和社会的发展而变化，但是总体来说，生产要素始终具有两个特点：一是能为经济增长作出贡献；二是能够参与收入分配。

数据要素化是人类文明进化和数字经济时代发展的必然要求，能够提高其他生产要素的利用率，激发其他生产要素的价值充分释放出来。近年来，我国数字经济高速发展，社会生产呈现网络化、数字化、智能化趋势。数据作为生产要素在经济发展过程中的作用更加凸显，数据要素化的速度加快。

数据要素化的前提是数据资源化，即在原始数据获取、后期数据加工等环节强化数据的基础性、战略性资源属性，使得数据的价值、潜力充分释放。当前，数据要素化的价值更多地体现在降低生产成本、提高生产效率、改善人们的生活水平等方面，能够推动相关应用向着智能化、数字化的方向发展，推动数字经济发展壮大。

在数据方面，我国已经出台一些政策、法规，数据流通、数据资源化发展等已经取得了一些进展，但是数据要素化仍面临一些挑战。例如，数据的非排他性和非竞争性引发的数据产权问题，数据要素化在制度方面面临困境，如何进一步完善数据产权制度以促使数据要素化等。

数据要素化是一个国际性难题，目前还处于探索阶段。数据要素化也是一项系统工程，不是短期内就能完成的，而是需要统筹、循序渐进地推进。

想要实现数据要素化，可以从以下三个方面入手：

（1）统一数据标准，实现数据产业化应用。统一数据标准是数据作为资源实现跨系统、跨区域、跨设备、跨产业互联互通的前提。

（2）实现数据共享开放。数据共享开放是数据资源化、市场化的前提。数据共享开放有利于建立规范的数据管理制度，实现高效的数据治理，提高数据的规范性。

（3）做好数据安全保护。数据安全保护为数据互联互通、共享开放以及资源化、市场化提供重要保障。数据作为一种生产要素，对安全和隐私保护的要求高于传统的生产要素。数据安全问题会侵犯用户个人隐私和企业的商业权益，还会扰乱数据在市场上的流通、交易秩序，影响市场资源配置，容易引发市场动荡。

因此，要加强数据资源整合和数据安全保护，制定完善的数据隐私保护制度、数据合规审查制度和数据分级安全保护制度，加强对各类数据的保护，使数据的价值最大化释放出来。

在当前阶段，数据要素化的重点是建设数据资源体系和数据要素制度体系，做好顶层设计，为数据要素化提供方向指引和理论指导。

5.2.2 资产化

数据资产化指的是从法律层面上确定数据的资产属性，使得数据的价值可以被衡量、可以用于交换。数据资产化意味着数据可以入表，即被写入资产负债表中"资产"一项，其真实价值与对业务的贡献能够体现出来。

从数据资产的形成过程来看，数据资产化是围绕数据的价值创造活动，包括数据采集、数据处理、数据存储、数据分析、数据治理、数据利用等环节，最终的目的是使原始数据转化为数据资产，数据的价值充分释放出来。

数据资产化具有重要意义，具体体现在以下四个方面：

1. 加强企业的战略资产积累

数据资产化后，数据资产成为企业的战略资产，企业的资产存量增加，数据资源的价值得到挖掘和强化。同时，企业的数据分析、数据挖掘能力会提升，推动企业核心竞争力提升。

2. 形成在企业内部共通的数据语言

数据在企业内部得到最大化应用的一个障碍是存在语言壁垒。而数据资产化意味着数据成为在企业内部共通的数据语言，各个部门会基于统一的数据分析目的统一数据收集标准，在业务运行过程中收集、汇总数据。

3. 为业务的开展提供依据

对自身拥有的数据进行全面盘点，企业可以获取数据地图，为业务开展和数据应用奠定基础。数据地图是数据资产盘点结果的具体呈现，可以帮助业务人员快速找到他们需要的数据，帮助开发者更好地了解、应用数据，使企业的业务更加顺畅地开展。

4. 助力数据交易和流通

数据资产化后，数据资产的所有权、交易规则、定价标准等会得到明确，数据可以作为资产在市场上流通、交易。未来，以数据资产为核心的商业模式，在资本市场中会更受欢迎。

数据资产化建立在数据要素化、数据产品化的基础之上。数据产品化即将原始数据转化为具有商业价值的产品或服务，通常涉及数据采集，数据特征抽取、转换，模型训练与评估，模型训练结果可视化呈现，数据产品销售推广等。想要将数据转化为产品，企业需要具备强大的数据分析、建模、可视化、营销等能力。

在具体实践中，企业可以通过打造企业级数据集市，实现数据汇集和数据资源共享，形成"数据＋场景/应用""数据＋科技""数据＋算法"等多元化产品模式等方法实现数据资产化。

数据资产化在现代商业中已经得到应用。例如，在金融领域，金融机构将贷款、投资、信用卡等方面数据资产化，使其成为可以交易的金融产品；在零售领域，零售企业可以通过数据资产化，为消费者精准推荐产品或服务，提高消费者的满意度；在医疗领域，数据资产化可以助力医生对患者的数据进行分析，从而更好地为患者提供医疗服务。

未来，随着数据资产化进一步深化，其应用场景会更加广阔，能够给更多领域带来价值。

5.2.3 智能化

数据智能化即借助人工智能、大数据、机器学习等技术手段，对海量数据进行挖掘、采集、分析、加工，以提取出有用的信息，实现数据可视化、自动化和智能化。

数据智能化能够确保数据得到有效利用，为企业业务的开展和决策制定提供支持，带动企业创新，提升企业竞争力，使企业实现可持续发展。

数据智能化的步骤有数据采集、数据清洗、数据分析和数据应用。首先，企业需要通过各种渠道广泛收集数据，包括企业内部各种系统中的数据和外部市场中的数据。其次，企业需要对收集到数据进行筛选、清洗，以修正错误的数据、过滤掉重复的数据、补全缺失的数据。再次，企业需要使用机器学习、统计学等方法对数据进行深入的分析，以获取隐藏在数据背后的规律和趋势。最后，企业可以将数据分析的结果应用到业务中，实现更高效、更科学的业务运营。

数据智能化具有很多优势：可以帮助企业快速了解市场变化和发展趋势，以及时调整发展策略和业务模式；可以提高企业运营效率和产品质量，减少资源浪费；帮助企业挖掘潜在的用户需求和商机，为企业进行业务模式创新提供指导；为企业的决策和运营提供科学的依据，降低企业经营风险。

数据智能化在很多行业都有广泛的落地场景，例如，在金融行业，数据智能化可以帮助金融机构对客户进行风险评估和信用评分，提升产品和客户的匹配性和交易的安全性；在制造行业，数据智能化能够助力智能制造，提升产品质量和生产效率；在零售行业，数据智能化可以实现个性化商品推荐和精准营销。

数据智能化能够给企业带来很大的价值，但是对于实力较弱的小企业来说，实现数据智能化有一定难度。例如，采集和清洗数据需要企业投入大量的时间和人力资源，在进行数据分析和模型构建时需要考虑到数据隐私和数据安全问题等。

5.3　如何迎接新趋势下的数字经济

数字经济正在逐步改变世界，无论是用户的个人生活还是商业领域，其都发挥着重要的影响力。数字经济作为推动社会发展的重要引擎，企业需要顺应时代发展的要求，积极拥抱新技术，并在新的产业领域进行布局，抢占先机。

5.3.1 平衡数据安全与应用

如今，数据作为一种新型生产要素，已经融入生产制造、价值交换、资源分配等环节。数据应用能够改变生产方式、提升生产效率，但同时，数据基础设施被攻击、数据泄露、个人数据被滥用等数据安全问题频发。对此，各国都采取措施加强对数据的保护。

但是，过于强调数据保护会导致数据安全与数据应用之间失衡，数据应用成本增加，不利于数字经济的发展。因此，如何有效平衡数据安全与数据应用，是当下数字经济发展亟待解决的一个重要问题。

想要实现数据安全与数据应用的平衡，可以从以下几个方面入手：

1. 树立数据动态安全观

数据动态安全不仅强调数据占有方面的安全，还强调数据流通、应用过程中的安全。实现数据动态安全的核心在于构建一套能够推动数据要素有序流通、高效交易、安全应用的体系。数据动态安全需要债权保护理念的支撑，这符合现代经济市场运行的基本规律。

2. 数据要素要实现充分的市场化

各类市场主体应在遵守相关法律法规的前提下，在数据要素市场进行数据交易，如数据需求方和拥有方之间的直接交易、通过第三方服务机构开展的间接交易等。相关部门则需要完善标准、规则、管理制度等，开展第三方服务机构认证、数据提供主体认证等工作，为数据要素在市场上的充分、自由流通提供保障。

3. 建立兼顾安全和数据价值的数据分类分级体系

相关法律强调从重要程度和危害程度两个维度对数据进行分类分级保护。在重要程度方面，根据数据对数字经济发展的价值的大小，对数据进行分类分级，以明确哪类、哪级数据应充分流通，哪类、哪级数据应小范围流通，使得企业敢于推动数据流通，明确数据流通规则，充分释放数据价值。

在危害程度方面，企业可以将数据分为敏感数据、较敏感数据、低敏感数据、不敏感数据等等级。企业也可以依照《金融数据安全　数据安全分级指南》中的标准，根据数据影响的对象，如国家、个人、企业等，以及影响程度，如严重损害、一般损害、无损害等，将数据分为 1~5 五个等级。

4. 建立分领域试点的数据安全流通体系

目前，各个领域的数据流通市场的成熟度不一样。例如，AI 训练数据市场中已经有很多聚焦于制作和出售 AI 训练数据的公司，也有一些数据交易服务平台，致力于为 AI 企业和 AI 数据服务商提供数据交易、数据标注、数据应用等服务。

在这类需求较多、市场比较成熟的领域，适合进行基于数据安全保护的数据流通体系建设。然后，其体系建设经验可以逐渐推广到其他领域，实现全领域的数据流通安全管理。

实现数据安全与数据应用的平衡，有助于数据要素市场百花齐放，能够有效避免数据集中式管理和交易流通引发数据安全风险。

5.3.2　在新产业领域布局

数字经济给企业带来了全新的经济增长点，企业可以将发展重心放在新兴产业上，加大对新兴产业的布局力度，开拓更多业务。

例如，华为面向数据要素产业，基于华为云 Stack，打造全栈数据要素流通解决方案，为其他企业的数据要素流通提供更优选择。

华为的全栈数据要素流通解决方案依托于"一云、双链、四工厂"的架构打造，为数据要素应用场景创新和应用生态构建提供有力的保障。

"一云"指的是一个云平台。该平台能够提供大量的基础性资源和数据湖仓一体数据架构，可以安全地承载海量、多个来源的数据资源，实现公共数据汇聚和安全有序流通。

"双链"指的是依托于隐私安全计算的可信数据流通链和依托于区块链的安全监管链，核心是基于可控、可信的技术实现数据要素安全流通和数据安全合规监管。

"四工厂"指的是能够提升数据质量的数据治理工厂，能够激发数据价值释放的数据产品工厂，能够实现数据共享、数据安全流通的数据服务工厂和能够多样化呈现数据价值的数据应用工厂。这四个工厂"四位一体"，有力地支撑数据要素高效流通和安全应用。

此外，华为的全栈数据要素流通解决方案还实现了业务流、数据流、监管流三条价值流的全面打通。

1. 业务流的打通

该方案基于华为云 Stack 提供的数智融合集成开发平台 DataArk，能够实现端到端的数据治理、数据应用和数据一站式管理。华为还联合合作伙伴打造数据授权运营平台，打通数据供应、数据授权、数据交易等业务流程，实现全流程自动化、智能化，数据要素流通效率大幅提升。

2. 数据流的打通

在打通数据流方面，华为云 Stack 能够实现数据实时、批量入湖，以及数据高效处理和数据共享。此外，华为云 Stack 基于可信交换数据空间实现"数据不出域"的原始数据共享，基于可信智能计算服务实现"数据可用不可见"。因此，原始数据和加密后的数据都可以实现高效流通。

3. 监管流的打通

基于华为云 Stack 提供的高性能区块链服务，该方案能够实现数据授权存证、数据资产存证、数据流通存证和合规审计溯源，打通监管全流程，实现监管全流程可审计、可追溯，以满足数据要素流通在监管方面的要求。

华为的全栈数据要素流通解决方案已经在很多场景中落地应用。例如，该方案为上海数据集团有限公司提供全栈技术方案，帮助其打造智能化、数字化的数据开发与运营平台，推动公共数据实现可信流通、高效共享，为我国其他地区建设数据要素市场提供经验参考。

华为的全栈数据要素流通解决方案得到了许多客户的认可，是数据要素产业落地的好选择，为客户充分应用数据、挖掘数据要素价值提供助力，为数字经济发展提供新动能。

5.3.3 京东：依托供应链推动实体经济转型

2022 年 9 月，京东在北京举办供应链金融科技峰会。在会上，京东发布了全新的供应链金融科技战略，实行数智供应链与供应链金融结合的双链联动模式，打造面向政府、企业和金融机构的供应链金融科技平台，推动供应链金融实现突破式发展。

京东认为，在实体经济高质量发展的过程中，还存在一些阻碍，特别是在金融服务供给方面，现有的金融服务无法满足中小型企业发展的需要，无法成为中小型企业发展的动力。

在这样的情况下，企业纷纷探寻出路，发现供应链金融是破局的关键。供应链金融建立在真实的交易之上，对抵押担保的依赖较弱，可以作为连接产业供应链和金融服务的纽带，能够打通整个产业链，有效降低交易成本；还可以成为连接大型企业和中小型企业的纽带，为中小型企业实现健康发展提供帮助和支持。

京东从供应链金融演进的视角出发，深入剖析了当前供应链金融体系所面临的诸多制约因素。具体来说，主要体现在以下几个方面：

（1）传统的供应链金融模式需要核心企业作为连接上下游企业的纽带。然而，在实际操作中，许多核心企业往往难以有效地分享交易链上的数据，导致金融机构在审核上下游机构时遭遇重重阻碍，不仅影响了核心企业业务的顺利推进，还限制了整个供应链金融体系的发展。

（2）在信用确权和信用评价方面，传统供应链金融模式对核心企业的依赖度很高。因此，金融机构通常更倾向于开展核心企业上游的业务，而下游业务由于缺乏核心企业的担保，推进速度往往较慢。此外，在评估核心企业的信用时，金融机构通常只能触及一级供应商和一级经销商，而与核心企业直接关联度较低的企业，由于存在信息不对称和数据孤岛的问题，难以形成有效覆盖。

（3）供应链中的商流、物流、信息流和资金流这四个方面的数据属于不同的主体，缺乏一个有能力的平台对这些数据进行整合。

（4）供应链金融涉及的主体过多，包括核心企业、上下游企业、金融机构等，但这些主体之间尚未建立起完善的良性协同机制。

供应链金融是一项系统性工程，不能脱离产业数字化。想要实现供应链金融，企业需要基于对产业的深刻理解推进数字化转型，并借助金融科技的力量优化和完善供应链金融服务。这种将供应链与金融科技相结合的方法，被称为"供应链金融科技"，它将成为未来供应链金融的重要发展方向。

想要应用供应链金融科技，企业需要深度理解产业链与供应链的运作细节，并运用先进的数智化技术打通各个节点，从而确保供应链中商流、物流、资金流和信息流的数据形成闭环。这不仅保证了数据的完整性和可追溯性，还提升了数据的利用效率。

京东将供应链金融科技视为战略性的发展方向，并在此领域积累了丰富的实践经验。这些经验源于京东数智供应链的深度应用，以及长期的金融科技研究。正是基于这样的积淀，京东科技决定投身于供应链金融科技事业，以自身发展推动行业的创新与进步。

早在 2013 年，京东就推出了名为"京保贝"的供应链保理融资产品，专为京东自营供应商提供服务。随着与各大银行的紧密合作，京东陆续推出了多样化的供应链金融科技产品与服务。这些业务的成功实践不仅提升了京东在产品设计、风险控制和智能运营等方面的能力，还为其在供应链金融科技领域的持续创新奠定了坚实的基础。

如今，京东致力于推动自身供应链向产业供应链方向进化，通过整合数智供应链与供应链金融的优势，打造综合性的供应链金融科技平台。这一战略转型已取得了显著成果，并在多个领域实现落地应用。

在大宗贸易产业链，京东为厦门国贸打造了供应链管理协同平台和供应链金融平台，有效提高企业内外部业务协同能力，实现了外部仓储物流、加工、金融机构等产业资源的整合。

在大消费产业链，京东为古井集团打造了全面的供应链金融服务平台，通过提供上游供应商融资管理系统、票据服务系统等多样化的系统，满足古井集团在不同业务场景下的需求，实现业务管理系统的集成和决策风险可控。

在能源产业链，京东为中海信托打造了供应链金融服务平台。该服务平台主要为电商平台"海油商城"提供服务，能够帮助能源产业链下游的经销商缓解资金周转压力。

总之，京东与供应链上的核心企业、中小型企业和金融机构携手共进，通过发挥供应链金融科技的协同效应，为实体经济转型提供有力支持，推动产业实现高质量发展。

下篇

数字经济激发
产业变革活力

本篇详细解析了数字金融如何重塑金融服务模式，提升金融效率与普惠性；数字贸易如何打破地域限制，促进全球贸易的便捷与高效；数字制造如何引领制造业向智能化、个性化转型；数字零售如何革新消费体验，实现线上线下无缝对接；数字物流如何优化供应链管理，提升物流效率与透明度；数字医疗如何借助大数据与 AI 技术，提升医疗服务质量与可及性；数字内容如何丰富人们的文化生活，推动文化产业创新发展。这些领域的深度融合，共同绘制了数字经济时代产业变革的壮丽图景。

第6章

数字金融：
变革金融产业旧格局

随着数字经济的蓬勃发展，产业变革的活力被全面激发。在数字金融领域，这种变革尤为显著，它不仅对金融产业的传统格局进行了调整，更是催生了一系列全新的数字金融产品。

6.1 如火如荼的金融产业变革

数字经济的崛起推动各行各业经历前所未有的经济转型。金融产业作为现代经济体系的核心，其变革的步伐也在不断加快。这一变革不仅带来了金融产业内部的重大调整，更催生了普惠金融这一全新的商业模式。而这一切，都离不开数字化技术的深度应用和持续创新。数字化技术不仅提升了金融产业的运营效率，更使得金融服务的普惠性得以大幅提升，让更多人享受到金融服务的便利。

6.1.1 金融产业有序创新

数字经济与金融产业的融合带来了许多益处，但同时也暴露出诸多安全问题。为了应对这些挑战，企业需要从三个方面着手，如图 6.1 所示，以实现有效的金融监管。

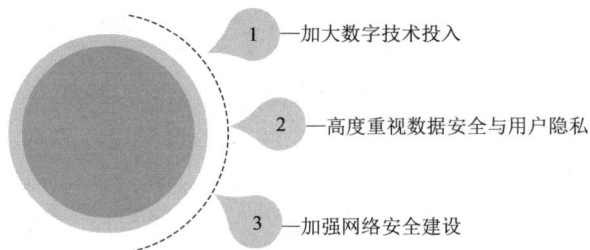

1 —加大数字技术投入

2 —高度重视数据安全与用户隐私

3 —加强网络安全建设

图 6.1　企业实现金融产业创新的方法

（1）企业应加大对数字技术的投入。数字技术不仅有助于提升企业的运营效率，还可以在基础设施建设方面发挥巨大作用。例如，通过将区块链技术应用于个人隐私保护和数字货币管理，企业可以大幅降低数据被篡改的风险，从而确保数据的安全性。

（2）企业应高度重视数据安全与用户隐私保护。随着数字金融的快速发展，用户数据的重要性日益凸显。企业应当积极响应并遵循相关法律法规，严格保护用户的个人隐私数据。同时，企业还应积极研发和采用先进的数据保护技术，确保用户隐私不受侵犯，维护用户的权益。

（3）企业应加强网络安全建设。随着金融服务对网络的依赖性增加，网络风险的影响力提升、扩散速度加快。企业应不断完善保护用户信息安全的机制，提高应对突发事件的能力，并持续加强网络安全建设，以抵御各种潜在的网络威胁。

总体来说，数字经济与金融产业的融合是数字经济发展中的重要一环。在享受其带来的便捷与高效的同时，也需要对其进行合理的规范和监管，以实现金融产业的有序创新和持续发展。

6.1.2 催生普惠金融新模式

随着金融市场日臻完善，普惠金融作为构建公平、公正经济体系的重要途径，已逐渐成为国家重点发展的方向。在这一背景下，去中心化金融（decentralized finance，DeFi）展现出强大的发展潜力，为普惠金融服务的普及提供了有力支持。DeFi 的蓬勃发展源于其普惠性不断提升，使得普通用户能够轻松在平台上获得收益。

一个仅服务于少数用户的平台难以拥有广阔的发展前景。实践证明，DeFi 具有广泛的用户基础，能够以较低的门槛吸引更多的普通用户参与金融业务，并从中获益。

以去中心化金融服务平台 TYCOIN 为例。TYCOIN 将分布式金融生态中各业务场景的具体需求系统化、框架化，并为分布式金融服务提供开发框架和通信标准。TYCOIN 促使加密货币在统一的框架内实现高效、安全的价值联动。

TYCOIN 属于开源去中心化自治组织。它还发行了 TYC 治理型代币，允许代币持有者参与开源项目治理。TYCOIN 的治理系统由治理投票和执行投票组成，TYC 持有者能够管理 TYCOIN 协议及金融风险。TYCOIN 还构建了 DeFi 激励体系和去中心化自治组织（decentralized autonomous organizations，DAO）治理模式相结合的分布式服务架构，打造了一个具备高度延展性、能够普惠全球的金融生态可持续发展系统。

TYCOIN 平台具有三大使命：减少乃至消除信息不对称；保障普惠金融服务的公平性；通过简单易用的应用程序来弘扬区块链哲学。TYCOIN 致力于打造一款口袋式轻资产数字银行，以较低的门槛提供给每一位用户，让更多的用户能够深入地参与 DAO 和 DeFi 的治理，以求为更多的用户提供一个通往 DeFi 世界的入口。

结合 DeFi 目前的发展趋势，TYCOIN 有望在去中心化金融赛道上超越其他同类型平台，成为数字经济生态中 DeFi 金融应用全平台，为用户提供普惠金融服务。

6.2　产品分析：数字金融产品

随着数字经济的蓬勃发展，金融产业与数字技术的结合催生了一系列创新产品，这些产品极大地提升了用户生活的便捷性。

6.2.1　现代化支付体系

实体经济与数字经济的融合催生了现代化支付体系。这种支付体系依托数字技术，为用户提供安全、便捷的支付方式。移动设备支付、电子钱包、虚拟货币，都属于现代化支付的范畴。

现代化支付体系主要有以下三个特点：

（1）安全性更强。数字签名、加密技术等能够对用户的支付信息进行有效保护，有效防止信息泄露和各类欺诈行为。

（2）支付速度更快。用户可以通过移动支付、电子钱包等方式在几秒内完成支付，大幅节省了排队等待的时间。

（3）便捷性更强。现代化支付体系使得用户能够轻松实现不同国家、地区间的无缝支付，避免了汇率转换和手续费等烦琐的问题。

数字经济与金融领域的深度融合正在重塑传统金融格局。面对这一变革，金融领域必须与时俱进，借助现代化支付体系满足用户不断升级的需求。

6.2.2　数字银行

随着数字经济的蓬勃发展，银行的数字化转型已成为大势所趋。在经历了移动化和电子化之后，银行迎来了数字化时代，数字银行应运而生。

作为一个利用数字技术为用户提供金融服务的平台，数字银行显著提升了银行的金融服务水平，为用户带来了更多便利。

数字银行主要有四种功能，如图 6.2 所示。

（1）便捷的账户管理。借助数字银行，用户可以轻松地进行账户管理，包括线上汇款、转账等。这避免了用户线下奔波的麻烦，使他们能够更加高效地管理自己的资产。

（2）线上支付和转账。通过数字银行，用户可以轻松完成线上支付和转账，无须携带现金或信用卡。这不仅简化了支付流程，还使用户的出行更加轻松和安全。

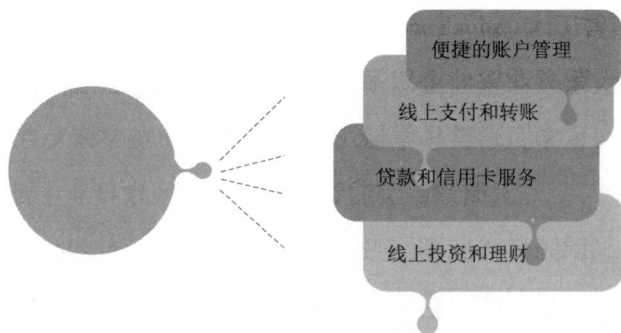

图 6.2　数字银行的功能

（3）贷款和信用卡服务。数字银行为用户提供便捷的信用卡申请服务，简化操作流程，加快审批速度。此外，用户还可以通过电子银行管理信用卡账户，随时查看消费记录和还款情况。

（4）线上投资和理财。数字银行为用户提供丰富的线上投资和理财选择。用户可以便捷地进行各类投资操作，同时系统还会根据用户的财务状况为其推荐合适的理财方案，帮助用户更好地实现资产管理和增值。

总之，数字银行借助大数据和人工智能等先进技术，为用户提供个性化的金融服务，实现了银行的自我突破和创新。通过不断改变来适应市场趋势，数字银行将获得更广阔的发展空间和无限的可能性。

6.3　数字金融有哪些表现

数字金融能够为金融行业带来极大的变革，实现智能信贷，推动全链路数字化转型；实现智能投顾，使决策更加精准；打造智能金融客服，使业务焕发新活力；实现智能监管，化解各类金融风险。

6.3.1 智能信贷：全链路数字化转型

在传统的银行贷款中，用户需要经历面谈、资料审核等流程才能够获得贷款。而在 AI 的助力下，银行可以实现智能信贷，简化用户申请贷款的流程。用户仅需填写一份申请表格，智能信贷系统便可以对用户进行资质审核、信用评估、风险监测，能够有效缩短审批时间，提高资金周转率。

例如，"读秒"是一个基于人工智能的信贷解决方案，相关数据显示，正式推出后不久，接入"读秒"的数据源就超过了 40 个。通过 API 接口，这些数据源可以被实时调取和使用。

另外，接入数据源以后，"读秒"还可以通过多个自建模型（如预估负债比、欺诈、预估收入等）对数据进行深入清洗和挖掘，并在此基础上，综合平衡卡和决策引擎的相关建议做出最终的信贷决策，而且所有的信贷决策都是平行进行的。

一般来说，只需要 10 秒左右的时间，"读秒"就可以做出信贷决策，在这背后，不仅有前期日积月累的数据以及对数据的分析，还有模型计算。在普通人看来，大数据、机器学习等前沿技术就好像一个大黑箱，但其实是可以找到一些规律的。

"读秒"的合作伙伴虽然经常会为其提供大量数据，但是真正有价值、有用途的数据基本上都是需要挖掘的。也就是说，并不是获取到数据，然后将其放在一个很神奇的机器学习模型里就可以预测结果，整个过程并没有那么简单。

例如，用户在申请信贷时会产生各种各样的数据，包括交易数据、信用数据、行为数据等，这些数据可以帮助金融机构深入了解用户。然而，这些数据是需要挖掘的，挖掘的过程与信贷的过程并不是融合的。

有了海量的数据之后，"读秒"需要利用距离、分组等决策算法，从这些数据中筛选出适用的模型，以更好地规避风险。例如，一位用户在多个平台借款，那么"读秒"就会分析这个用户的借款频率，以及借款的次数和借款平台数量之间的关系，并基于此绘制用户画像、构建模型。

不同用户在不同平台留存的数据看起来并没有太大关联，实际上，这些数据会形成交织的网络。而且，随着用户数量的不断增加，留存的数据也会越来越多，"读秒"的自创模型就可以得到进一步优化，从而适用于更多场景。

"读秒"的数据并不只面向一个用户，而是面向一群用户，也正是因为这样，再加上前期累积的数据，才造就了"读秒"的 10 秒决策速度。

如今，以"读秒"为代表的智能信贷解决方案不仅让信贷决策变得更加科学、合理、准确，让借贷方和金融机构免遭风险，还进一步提升了金融领域的稳定性和安全性。

6.3.2 智能投顾：决策更精准

智能投顾，又称"机器人顾问"，是一种新型的财富管理服务。它利用大数据分析、量化模型及算法，基于不同用户的收益预期、风险偏好和流动性需求，提供相匹配的资产组合建议，并自动完成投资交易过程，达到分散投资风险的目的。

1. 智能投顾的依赖因素

智能投顾主要依赖于三个因素，如图 6.3 所示。

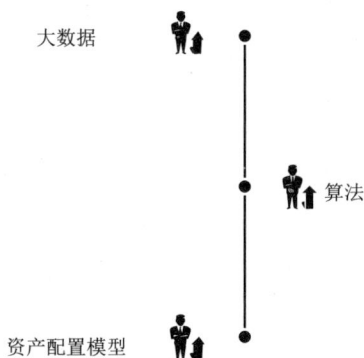

大数据

算法

资产配置模型

图6.3 智能投顾依赖的三个因素

（1）智能投顾可以利用大数据技术有效识别用户的投资偏好以及预测投资风险。大数据技术能够有效提升智能投顾处理金融数据的效率。而且大数据技术与智能推荐技术的融合，能够为用户提供更精准、更有针对性的理财产品。

（2）智能投顾离不开算法的升级迭代。近年来，许多机器学习算法，如神经网络算法、深度学习算法等，不断与金融领域融合。借助这些算法，智能投顾就可以深度地进行股票预测。随着算法的进一步升级迭代，智能投顾的未来会更加光明。在资产配置领域，先进的算法会为投资者提供最优的投资组合，进一步降低他们的投资风险。

（3）智能投顾离不开优秀的资产配置模型。基于 AI 技术，资产配置模型能够起到信号监控以及量化管理的作用，促使投资者的决策更加理性。

2. 智能投顾的功能

智能投顾主要具有以下四个功能：

功能一：智能投顾必须能够从变化的规律中，利用大数据技术获得用户的投资风险偏好。

功能二：智能投顾必须能够利用投资风险偏好，结合风险控制模型，为用户提供个性化的金融理财方案。个性化的金融理财方案要充分考虑众多数据，如用户的年龄、性别、收入等基本数据，消费心理和近期消费行为等动态数据。只有这样，才能保证智能投顾的决策做到"千人千面"。

功能三：智能投顾必须对数据实时跟进，从而进一步调整用户的金融资产配置方案。

功能四：智能投顾必须最有效地利用最有价值的数据，避免出现很高的投资风险，让用户在可承受的风险范围内，获取最大化的价值。

智能投顾的未来发展趋势代表着未来的发展方向，嗅觉敏锐的商业人士应该紧抓这些趋势，优化智能投顾产品，使智能投顾产品更加"接地气"、更加实用，为用户创造更多价值，这样才能够在智能投顾领域分得一杯羹。

6.3.3 智能金融客服：业务焕发新活力

随着人工智能等数字技术的飞速发展，其在金融领域的应用日益广泛，使金融机构与用户之间建立了更加紧密的联系。在激烈的市场竞争中，金融机构必须不断升级服务，为用户提供更加贴心、全面的咨询体验，才能赢得用户的关注与信任。

为此，众多金融机构纷纷将人工智能技术引入客服领域，打造智能金融客服。这一创新举措为金融咨询业务注入了新的活力，使其更加人性化、智能化和高效化。

1. 金融咨询业务更加人性化

金融行业属于高端的服务行业。金融机构只有满足用户的核心需求，为用户带来价值，才会吸引更多的用户选择自己的金融理财产品。涉及金融咨询这一具体的领域，金融机构必须为用户提供最完善的服务，这样才能够获得用户的认可。

借助语音识别技术、视觉识别技术、大数据技术以及云计算技术等先进技术，AI金融客服的整体表现会更像一个"人"，而且比真正的客服人员会更有礼貌，态度更和善。

AI金融客服在回答问题时，不会带有任何不良情绪，始终会以平稳的语调与用户沟通。同时，在视觉识别技术的支持下，它能够高效解读用户的面部表情。如果用户对AI金融客服的回答有任何疑虑，它会直接联系更专业的人员，让他们做出更满意的解答。

2. 金融咨询服务更加智能化

金融咨询服务更加智能化主要体现在专家系统与深度学习技术的融合应用。借助这些高科技，AI金融客服能够变得更加聪明。尤其是通过深度学习技术，AI金融客服能够自主学习，回答常见的金融问题。这能够有效提升金融用户的留存率和转化率。

3. 金融咨询服务更加高效化

大数据技术的加持将会大幅提升 AI 金融客服对数据的处理能力。金融行业是百业之母，与社会的各个行业都有交集。金融行业还是一个巨大的数据交织网络，在金融行业中，沉淀着海量的金融数据。这些数据内容庞杂，不仅有各种金融产品的交易数据信息，还有用户的基本信息、市场状况的评估信息、各种风控信息等。

金融咨询服务人员想要提取到关键、有效的信息，就要耗费巨大的时间成本和更多的精力。而大数据技术的加持以及人工智能算法的应用，可以优化数据，帮助金融咨询服务人员把最有价值的金融数据提取出来，为用户提供最优质的金融咨询服务。这样就能够从根本上提高金融咨询服务的效率。

6.3.4 智能监管：化解各类金融风险

随着金融领域的飞速发展，各类风险也随之出现。因此，加强和完善现代金融监管体系成为金融领域参与者的一项重要任务。在这一背景下，金融机构纷纷借助人工智能这一先进技术，实现智能监管，旨在有效化解各类金融风险，提升监管效率，从而更好地为用户提供服务。

人工智能监管科技能够实时自动化分析各类金融数据，优化数据处理能力，避免金融信息不对称。同时，人工智能监管科技还能够帮助金融机构核查洗钱、信息披露以及监管套利等违规行为，提高违规处罚的效率。

人工智能金融监管主要借助两种方式进行自我学习，分别是规则推理和案例推理。

规则推理学习方式能够借助专家系统，反复模拟不同场景下的金融风险，能够更高效地识别系统性金融风险。

案例推理学习方式主要是利用深度学习技术，让人工智能金融系统自主学习过去发生的监管实例。通过智能学习、消化、吸收和理解，人工智能金融监管系统能够智能、主动地对新的监管问题、风险状况进行评估和预防，最终给出最优的监管合规方案。

目前，人工智能领域的核心技术之一——机器学习技术已经广泛应用于金融监管合规领域。在这一领域，机器学习技术有三项应用，如图 6.4 所示。

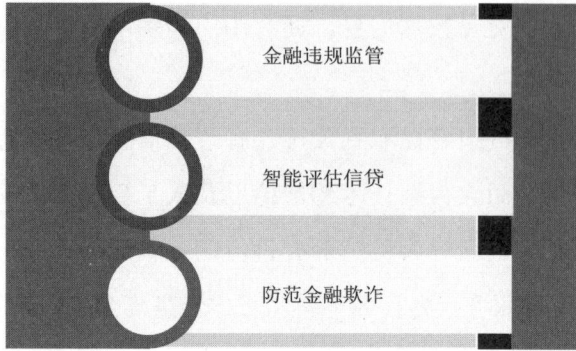

图 6.4　机器学习技术在金融监管合规领域的三项应用

1. 金融违规监管

机器学习技术能够应用于各项金融违规监管工作中。例如，英国的 Intelligent Voice 公司研发出了基于机器学习技术的语音转录工具。这种工具能够高效、实时监控金融交易员的电话，这样就能够在第一时间发现违规金融交易中的黑幕。Intelligent Voice 公司主要把这种工具销售给各大银行，银行的金融违规监管也因此受益。再如，位于旧金山的 Kinetica 公司能够为银行提供实时的金融风险敞口跟踪，从而保证金融操作的安全、合规。

2. 智能评估信贷

机器学习技术能够智能评估信贷。机器学习技术擅长智能化的金融决策，能够在这一领域产生很大的作用。例如，Zest Finance 公司基于机器学习技术研发出了一款智能化的信贷审核工具。这款工具能够对信贷用户的金融消费行为进行智能评估，并对用户的信用进行评分。这样银行就能够更好地做出高收益的信贷决策，金融监管也会更高效。

3. 防范金融欺诈

机器学习技术还能够防范金融欺诈。例如，英国的一家创业公司 Monzo 建立了一个 AI 反欺诈模型，这一模型能够及时阻止金融诈骗者完成交易。这样的技术对银行和用户都大有裨益，银行的监管合规能力会得到进一步提升，用户则可以规避风险，避免造成财产损失。

6.3.5　Wealthfront: 深耕智能投顾业务

随着财富管理行业的迅速发展，智能投顾作为一项重要的工具，已经成为财富管理的重要分支。这种服务主要依托数据挖掘技术，为投资者提供个性化的投资建议，帮助他们做出明智的投资决策。而在这一领域，智能投顾平台 Wealthfront 凭借其卓越的服务和强大的技术实力，成为佼佼者。

Wealthfront 可以借助计算机模型以及云计算技术，为用户提供个性化、专业化的资产投资组合建议，如股票配置、债券配置、股票期权操作、房地产配置等。

Wealthfront 具有五个显著的优势：成本低、操作便捷、避免投资情绪化、分散投资风险以及信息透明度高。其竞争力和影响力主要来源这五个优势。当然，Wealthfront 能获得快速发展也离不开强大的人工智能技术以及具有超强竞争力的模型、美国成熟的电子资金转账系统（electronic funds transfer，EFT）市场、优秀的管理团队、投资团队、完善的美国证券交易委员会（securities and exchange commission，SEC）监管。

首先，Wealthfront 的发展离不开强大的人工智能技术以及具有超强竞争力的模型。

Wealthfront 具有强大的数据处理能力，能够为用户提供个性化的投资理财服务。而且，借助云计算技术，Wealthfront 还能够提高资产配置的效率，极大地节约费用，降低成本。此外，借助人工智能技术，Wealthfront 打造了具有超强竞争力的投顾模型。该模型充分融合了金融市场的最新理论与技术，可以为用户提供权威、专业的服务。

其次，美国 EFT 市场为 Wealthfront 提供了大量的投资工具。

美国的 EFT 种类繁多，而且经过不断发展，美国的 EFT 资产规模已经达到上万亿美元，这就能够满足不同用户的多元需求。

再次，Wealthfront 的发展离不开管理团队、投资团队。

Wealthfront 的许多核心管理成员都来自苹果、微软等企业。投资团队的成员投资经验丰富，并且有一定的资源。

最后，Wealthfront 的发展离不开 SEC 监管。

SEC 下设投资管理部，专门负责颁发投资顾问资格。在这种监管体制下，Wealthfront 能顺利地开展理财业务和资产管理业务。

多种因素的综合叠加，使得 Wealthfront 越来越强大。Wealthfront 借助智能推荐引擎技术能够为用户提供定制化的金融服务。此外，智能语音系统又能够及时为用户提供优质的线上服务。这大幅节省了用户的时间，提高了用户的使用效率。

总而言之，Wealthfront 充分发挥了人工智能的价值。通过对各项技术的综合使用，Wealthfront 在降低成本、提升了效率的同时，为用户提供了更好的体验。

第7章

数字贸易:
充分释放贸易新动能

随着通信技术和数字技术实现重大突破，数字贸易正以前所未有的速度发展壮大。作为一种全新的贸易模式，数字贸易改变了传统贸易方式，扩大了贸易规模，显著降低贸易成本，并释放出新动能，成为推动国际贸易发展的强大引擎。

7.1 数字经济倒逼贸易转型

许多企业对于转型持有疑虑，认为传统的贸易方式仍然具有相当可观的盈利前景。然而，随着数字经济的持续发展，它给传统贸易带来了很大的冲击。面对这一挑战，越来越多的企业开始认识到进行贸易转型的必要性，积极拥抱数字贸易的浪潮。

7.1.1 数字贸易 VS 传统贸易

作为数字经济时代的产物，数字贸易为全球贸易带来了颠覆性的变革。数字贸易与传统贸易在多个方面有着明显的区别，如图 7.1 所示。

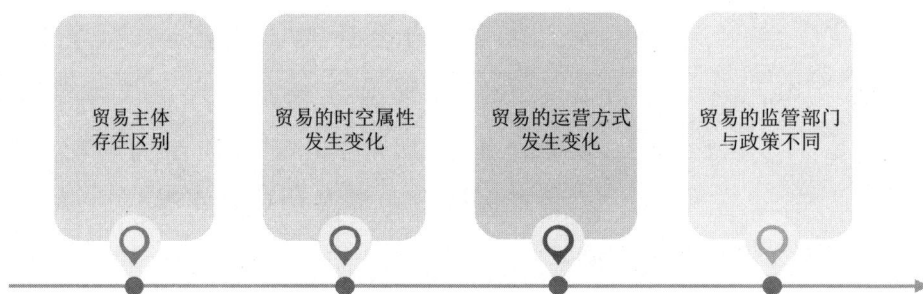

图 7.1 数字贸易与传统贸易的区别

（1）贸易主体存在区别。从贸易主体角度来看，传统贸易主要依赖于零售商、供应商等中介机构，而需求方和供给方之间往往并不直接接触。然而，数字贸易打破了这一模式，通过现代通信技术和网络技术，需求方和供给方可以直接进行交易，极大地提高了交易的效率和透明度。

（2）贸易的时空属性发生变化。传统贸易受到汇率、商品价格等因素的影响，而数字贸易能够利用数字技术随时对交易进行监控，能够减少交易从开始到结束在时间方面的不确定性。此外，传统贸易会受到地理位置的限制，而数字贸易打破了地理位置的限制，使得全球范围内的交易更加便捷。

（3）贸易的运营方式发生变化。在运营方式上，数字贸易展现出独特的优势。传统贸易需要有确定的交易地点，并且需要货物收据，数字贸易则简化了交易过程，通过线上数字平台即可完成交易，实现了交易过程的电子化。此外，数字贸易的运输方式也与传统贸易有所不同。用户购买的数字服务或产品通常以数字化的方式传输，用户在电商平台上购买的商品则通过快递方式送达。

（4）贸易的监管部门与政策不同。传统贸易的监管主要由海关、商务部、贸易组织等机构负责，而数字贸易除了涵盖传统贸易的监管内容外，还需要数字内容审核、产业安全等部门的监管。因此，数字贸易的监管政策需要更加全面，应包括数据监管、隐私保护等新内容。

7.1.2　数字经济作用于贸易的机制分析

作为新兴的经济形态，数字经济具备为传统产业赋能的强大潜力，并且能够通过数字金融为社会经济构建更高效的资金网络。数字经济主要涵盖四个方面：数字产业化、产业数字化、数字基础设施建设和数字普惠金融。

数字产业化侧重于将信息、通信技术、数据等作为核心产品进行产业化发展。这一部分不仅是数字经济的基础，还为数字经济的整体发展提供了强大的技术驱动力。

产业数字化表明数字经济已深度融入各类行业，极大地拓展了其发展空间。随着产业与数字技术的融合，各行业都在探索数字化转型的新路径，以适应不断变化的市场需求。

数字基础设施建设是确保其稳定发展的基石。为了支撑数字经济的快速发展，必须建立和完善包括通信网络、数据中心、云计算平台等在内的基础设施。

数字普惠金融则致力于实现与数字金融的互惠互利、共同发展。通过提供便捷、高效的金融服务，数字普惠金融有助于缩小金融服务的鸿沟，使更多人享受到金融科技带来的益处。

数字经济的蓬勃发展对贸易产生了深远的影响。企业在国际贸易中常常面临诸多挑战，如贸易成本的波动性、信息交流障碍等。为了在国际贸易中取得成功，企业需要关注这些因素，并权衡预期收益与成本之间的关系。

特别是在成本方面，企业需要细致分析每项成本的构成，以确保在国际贸易中获得更多盈利。同时，及时、准确的产品信息对于企业来说也至关重要。在数字经济时代，随着信息技术的广泛应用，企业能够更加便捷地获取市场动态和客户需求，从而更好地把握商机并制定有针对性的营销策略。

1. 数字产业化对国际贸易的影响

（1）随着互联网和数字技术的飞速发展，数字平台在国际贸易中扮演着越来越重要的角色。这些平台为企业提供了整合信息的能力，降低了企业寻找贸易伙伴和获取交易信息的成本。

（2）数字平台为企业之间的沟通搭建了桥梁，使它们能够跨越时间和地域限制，随时随地进行交流。这不仅降低了沟通成本，还促进了更高效的合作与交易。

（3）区块链和智能合约技术助力企业建立信用评价体系，消除了信任障碍，降低了信用风险。这使得企业间的合作更加顺畅，促进了国际贸易的良性发展。

（4）短视频、电子书等电子消费产品不断涌现，丰富了国际贸易的产品种类。未来，可以预见国际贸易的产品种类将继续增加，满足不同消费者的需求。

2. 产业数字化对国际贸易的影响

（1）产业数字化为传统产业带来了新的机遇，推动了国际贸易的多样化和全面发展。数字技术为传统产业带来了转型的契机。借助数字技术，许多原本无法参与国际贸易的产品或服务可以跨境交易，拓宽了国际贸易的范围和深度。

（2）数字经济的发展带来了以用户需求为导向的生产模式。通过大数据、物联网等技术，企业可以更直接地与用户互动，了解他们的需求，从而为用户提供更加个性化、定制化的产品和服务。这种以用户为中心的生产模式使企业拥有更大的竞争优势和更多市场机会。

3. 数字基础设施对国际贸易的影响

完善的数字基础设施是确保国际贸易顺畅进行的基石。没有高效、稳定的网络基础设施，企业的国际贸易活动将受到制约。因此，数字基础设施建设对于推动国际贸易的发展至关重要。它确保了企业间的信息传输、数据交换以及在线交易的顺利进行，为企业提供了更多的商业机会和更大的发展空间。

4. 数字普惠金融对国际贸易的影响

数字普惠金融为中小企业参与国际贸易提供了有力的支持。在我国，许多中小企业面临融资难的问题，而数字普惠金融为这些企业提供了便捷、低成本的融资渠道。这不仅解决了中小企业的资金问题，还激发了它们的创新活力，促使它们更加积极地参与到国际贸易中。

在数字普惠金融的帮助下，中小企业得以扩大生产规模、提升产品质量，进而在国际市场上获得更大的竞争优势。数字普惠金融的发展对于促进我国中小企业的国际化进程具有深远的意义。

7.2 关于数字贸易的核心问题

数字贸易的发展不仅带来了商业模式的变革，更引发了人们对一系列核心问题的思考。企业要想深度参与数字贸易，就要对这些核心问题有清晰的认识。

7.2.1 数字贸易有什么价值

互联网和数字技术的快速发展为数字贸易提供了强大的驱动力。这种新型贸易模式给企业、消费者，乃至整个国际社会都带来了深远的影响。

对于不同的主体来说，数字贸易具有不同的价值。

（1）对于消费者而言，数字贸易意味着更广泛的选择范围和更便捷的购物体验。通过数字平台，消费者可以轻松浏览和选择来自全球各地的商品，不受地域限制。这不仅增加了消费者的选择，还使得购物过程更加高效和个性化。

（2）对于生产商和商家来说，数字贸易为全球价值链注入了新的活力。随着全球生产分工的深化，传统的国际贸易模式逐渐暴露出协调成本高昂、效率低下等问题。数字贸易的出现为解决这些问题提供了新的思路。通过数字技术和数据驱动，企业可以更有效地整合资源、优化生产和供应链管理，降低成本并提高整体竞争力。

（3）从市场效率的角度看，数字贸易有助于减少贸易壁垒，提高信息透明度。通过数字平台，买卖双方能够更直接地交流和交易，降低了信息不对称的风险。这不仅有助于中小企业更平等地参与到国际贸易中，还促进了市场的公平竞争和资源的有效配置。

未来，数字贸易将给全球范围内的更多主体带来福祉。通过推动各方的发展，数字贸易将为全球贸易注入更多的活力，并促进其均衡、协调增长。

7.2.2 数字人民币：数字贸易的基础设施

数字货币是金融领域的新兴产物，它运用密码学原理确保交易安全，并借助区块链技术确保交易的唯一性，防止伪造。在国内，唯一合法的加密数字货币是数字人民币。数字人民币不仅是加密货币，还是国家法定货币，具有最高的安全等级，因此成为最安全的加密货币。

在数字贸易的浪潮下，数字人民币作为其基础设施，有助于提升金融服务质量并推动实体经济的发展。例如，在2023年的中国国际服务贸易交易会上，中国银行携手数字人民币亮相，并开展了一系列活动。

（1）发布服贸会主题硬钱包。中国银行与首都会展集团合作，以"一带一路"为灵感，以服贸会吉祥物"福燕"为核心元素，面向服贸会特定人群发布主题硬钱包。

（2）打造数字人民币全场景生态。在服贸会上，中国银行遵循"科技与创新"原则，展示了数字人民币的多项优势，使参会者能够直观地体验安全、高效和便捷的金融服务。

中国银行还与美团展开合作，打造了以"新·凿空之旅"为主题的数字人民币潮流集市。该潮流集市以张骞出使西域开辟丝绸之路为灵感，旨在展现科技金融在提升国际化金融科技服务能力、打造多元服务平台方面的作用。

（3）推出丰富的消费体验活动。为了增强数字人民币的互动性和趣味性，并让用户真正体验到其便利性，中国银行还推出了多种消费体验活动。

尽管数字人民币目前仍处于发展阶段，相关政策和技术的落地可能尚未达到预期效果，但随着不断优化和改进，未来，数字人民币有望成为用户使用最广泛的货币，为数字贸易注入更多活力。

7.2.3 未来，数字贸易将如何发展

在全球贸易数字化的大背景下，数字贸易已成为企业追求全球化和数字化的必然选择。展望未来，数字贸易将朝着以下几个方向深入发展：

（1）贸易空间将持续拓展。随着贸易环境日益开放和国际贸易市场规模不断扩大，各类创新技术将在国际贸易中得到更广泛的应用。这为数字贸易提供了更广阔的发展空间，数字贸易的领域和范围将进一步扩大。

（2）交易平台的多样化。未来，数字贸易交易平台会更加多样化，包括跨境电商平台、社交媒体平台、物联网平台等都会参与到数字贸易中来，为数字贸易提供更加便捷和高效的交易方式。

（3）供应链的透明化。随着区块链技术的发展，数字贸易的供应链会变得更加透明化和可追溯。这有助于保障交易的可靠性和安全性，提高消费者的信任度。

（4）服务贸易崛起。未来，服务贸易在数字贸易中的比重会越来越大，包括金融、教育、医疗等领域都会成为数字贸易的服务对象，这有助于推动数字贸易的多元化发展。

（5）数字贸易的内容将更加丰富。例如，数字产品、在线服务、数字内容等都可以成为数字贸易的内容，涵盖的领域将更加广泛，为消费者和企业提供更多的选择和机会，推动数字经济快速发展。

如今，许多国家都高度重视数字贸易的发展，将其提升至国家战略的高度，并为企业提供相应的政策支持。我国也积极顺应这一潮流，通过鼓励和引导数字贸易的发展，把握数字贸易发展机遇，进一步增强国际竞争力。

7.3 数字经济时代的跨境电商

数字经济时代下，跨境电商有了全新的发展，跨境电商能够推动数字贸易的快速发展，为广大用户带来更多的便利。此外，面对数字经济，跨境电商也能够积极应对，不断利用其促进自身的发展。

7.3.1 跨境电商助推数字贸易加速发展

在数字经济时代，跨境电商迎来全新的发展机遇。跨境电商不仅推动了数字贸易的快速发展，还为广大用户带来了很大的便利。

跨境电商在推动全球贸易的国际化和数字化方面发挥着重要的作用。它不仅突破了传统贸易的物理限制，通过互联网将全球市场紧密连接在一起，还极大地提升了贸易的便利化程度，有效降低了贸易成本，提高了贸易效率。这具体体现在以下几个方面：

（1）跨境电商促进了贸易便利化。在传统贸易中，企业常常需要经历复杂的报关流程和漫长的运输时间。然而，跨境电商通过在线平台简化了这一流程，为用户和企业提供了一站式的服务，使得跨境购物变得更加简单和方便。通过跨境电商平台，消费者可以轻松购买到来自世界各地的商品，而商家可以将自己的产品推向更广阔的市场。

（2）跨境电商降低了贸易成本。传统贸易涉及的主体和环节很多，导致交易费用和成本较高。而跨境电商能够省去中间环节，消费者可以直接与供应商沟通，大幅减少了交易的成本、缩短了交易时间。此外，跨境电商还能有效实现资源整合，降低仓储和物流的成本，使商品的价格更具竞争力。

（3）跨境电商提升了贸易效率。在数字经济时代，信息传递的速度和准确性至关重要。跨境电商利用数字化手段，如大数据、人工智能等，提高了物流效率和信息传递的及时性，从而优化了整个贸易流程。

在数字经济时代，企业应充分利用跨境电商带来的机遇，推动贸易的数字化进程，并借助这一趋势实现自身的发展壮大。这不仅有助于企业提高自身的竞争力，还有利于企业和贸易生态中的合作伙伴实现互利共赢。

7.3.2 跨境电商企业如何应对数字经济

在数字经济的大潮下，跨境电商企业面临着前所未有的发展机遇。为了抓住这一历史性机遇，跨境电商企业需要积极应对，借助数字技术加速自身的数字化转型。以下是跨境电商企业应对数字经济的具体措施：

（1）推动数字技术的创新和应用。跨境电商企业应积极引入大数据、云计算、人工智能等数字技术，将这些前沿技术应用于实际业务中，以提升服务质量。云计算技术的应用有助于提高跨境电商的信息化水平，为数字经济发展提供有力支撑。区块链技术则能够解决信息存储的安全性问题，保护用户隐私。而大数据分析能够帮助跨境电商企业精准定位目标用户，制定更加有效的营销策略。

（2）加快培养数字化人才的步伐。跨境电商企业若想将数字技术真正应用于日常运营，必须重视对数字化人才的培养，组建专业的数字化团队。跨境电商企业可以与高校合作，吸纳优秀的人才。同时，跨境电商企业还应加强内部培训，提升技术人员的数字化能力，以满足业务发展的需求。

（3）跨境电商企业还应关注数字经济带来的挑战和风险。随着数据安全、隐私保护等问题日益突出，跨境电商企业需建立健全的数据安全管理体系，确保用户信息和交易数据的安全。同时，要加强对市场的研判和预测，以应对可能出现的风险和不确定性。

总之，面对数字经济的大潮，跨境电商企业应积极应对，充分利用数字技术的优势，加速自身的数字化转型。通过不断创新和应用数字技术、培养数字化人才、关注数据安全等措施，跨境电商企业能够在数字经济时代保持竞争优势，实现可持续发展。

第8章

数字制造：
抢占发展制高点

制造业是立国之本、强国之基，是国民经济的重要支柱。在数字经济时代，传统制造模式已经无法适应经济快速发展的需要，制造业应朝着数字化、智能化的方向转型，以数字制造抢占发展制高点。

8.1　制造数字化转型是大势所趋

　　制造数字化转型是大势所趋，是技术进步和时代发展共同作用下的结果。与传统制造相比，数字制造更具优势，能够赋能企业降本增效，实现快速发展。

8.1.1　数字制造与传统制造有什么区别

　　数字制造是在数字经济潮流下出现的一个新兴产业，基于云计算、人工智能、大数据等技术实现，能够重构生产流程，使其数字化、智能化。数字制造和传统制造有着明显的区别，具体体现在四个方面，如图8.1所示。

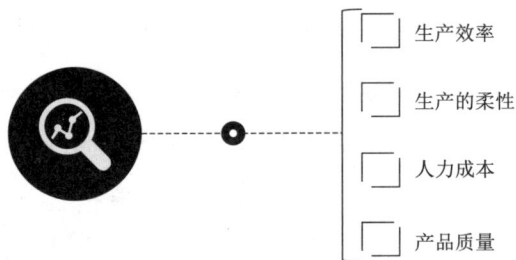

图 8.1　数字制造和传统制造的区别

1. 生产效率

　　在传统制造模式下，机器、设备需要人工进行调度和管理，且生产过程对人力的依赖度较高，生产效率低下。而基于先进技术的数字制造，能够实现设备、机器之间互联互通，设备的调度和管理自动化，生产调度更灵活，生产效率更高。

2. 生产的柔性

传统制造的生产模式主要为按照预定的生产计划进行大规模批量生产，生产过程固定，生产工序单一。而数字制造配置有自动化生产线，可以实现大规模批量生产，也可以根据市场需求的变化灵活地调整产品生产计划、流程、工序等，小批量生产某些特定型号的产品，具有很强的柔性生产能力。

3. 人力成本

传统制造对人力的依赖度高，需要大量工人进行生产和管理，因此人力成本很高。而数字制造具有自动化、智能化的特点，生产过程中的很多工序都可交由机器完成，对人力的依赖度大幅降低，人力成本大幅减少。

4. 产品质量

受工人技能不足、机器故障等因素的影响，传统制造的产品质量不稳定，产品不合格率高。而数字制造通过物联网、大数据等技术进行生产过程监测、控制和质量检测，能够对生产工序进行实时调整，降低生产过程中的出错率和产品不合格率，提升产品质量。

综上所述，数字制造具有生产效率高、柔性生产、人力成本低、产品质量高等优点，能够更好地满足市场需求，助力企业在数字经济时代抢占更多市场份额，实现效益增长。

8.1.2　数字制造"呼唤"规模化敏捷开发

近几年，敏捷开发已经得到了广泛应用，并帮助很多企业开发出更好的产品。越来越多的企业尝试进行规模化敏捷开发，最大限度地挖掘敏捷开发的价值。

敏捷开发主要分为产品规划、产品开发过程管理、产品运维与运营等环节。产品规划环节分为宏观的战略规划和拆分后的阶段规划。在宏观上，企业首先要明确产品达到的战略目标是什么，计划推出怎样的产品组合，走怎样的产品路线，如何调动手中的资源进行战略布局。而落实到每个阶段，企业需要针对产品进行具体规划，构建完整的技术平台，推出公开、透明的协同计划。

在产品开发过程中，企业要明确用户需求优先级，规划需求专题清单、个性清单以及迭代需求清单。产品的初始版本不必完美无缺，因为后续还要进行一系列的迭代优化。

产品上线之后，企业需要进行运维和运营。产品运维主要包括任务管理、灰度发布、运维监控、成本控制等内容。而产品运营主要包括产品、用户、内容、数据运营等内容，企业要持续收集数据反馈，为产品的迭代优化提供参考。

小范围的敏捷开发和规模化的敏捷开发之间存在一定距离，实现规模化敏捷开发并不是那么简单，需要克服很多困难。例如，有些敏捷开发方法只适用于 7 ~ 10 人的小型团队，而大型团队往往拥有上百名成员，分为几个甚至十几个小型团队。开发人员需要和其他团队的一些非开发人员在质检、集成、市场运营等环节进行合作和沟通，在这种情况下，敏捷开发项目顺利按期交付的难度很大。

规模化敏捷开发具有复杂性，需要在管理方面构建一致性。这需要多个团队在进度、范围、目标等多方面对齐，而且要在每个季度都进行规划，明确产品目标及需求优先级。在季度末，要进行当前流程和成果的展示，并制订下一季度的计划表。

8.1.3 ET工业大脑: 1%＝万亿元利润

ET工业大脑是阿里云发布的一款可应用于制造领域的人工智能应用。ET工业大脑可以使我国制造业的良品率得到提升，如果良品率提升1%，我国制造业总体利润就能提升万亿元。

ET工业大脑搭载了阿里云自主研发的云计算操作系统"飞天"，该系统可以将世界范围内的百万个服务器连接起来，形成一台超级计算机。基于"飞天"系统强大的计算能力，ET 工业大脑在生产线升级、流程控制、机器故障预测等方面具有显著优势。

推出 ET 工业大脑后，阿里云秉持"生态、众创、共赢"的理念，与合作伙伴共同搭建工业大脑开放平台，加快推动制造业数字化转型。

工业大脑开放平台具有四个核心优势，如图 8.2 所示。

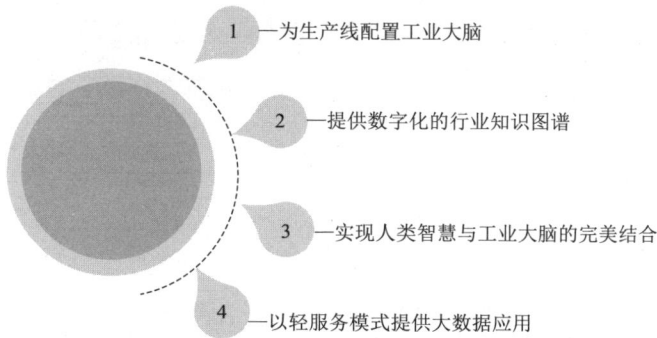

图 8.2　工业大脑开放平台的四个核心优势

1. 为生产线配置工业大脑

工业大脑开放平台支持制造领域 90% 以上的设备和协议，无须改造机器设备和生产流程，生产线就可以接入 ET 工业大脑。

2. 提供数字化的行业知识图谱

工业大脑开放平台整合了 3 个行业知识图谱、7 个行业数据模型、19 个业务模型，以及 20 多个行业算法模型，能够为制造业升级与演进提供助力。同时，该平台还提供算法工厂、知识图谱构建等工具，可持续输出数字化的工业知识。

3. 实现人类智慧与工业大脑的完美结合

工业大脑开放平台降低了人工智能、大数据等技术的使用门槛，业务人员、工程师等可以轻松地调用数据、使用智能工具充分释放自己的智慧。同时，阿里云"天池"平台上有国内最大的人才库，能够为工业大脑提供源源不断的智慧力量。

4. 以轻服务模式提供大数据应用

工业大脑开放平台支持云端一体化，具有强大的数据处理能力，为生产线提供数据挖掘、数据分析、算法模型训练等能力。训练好的算法模型以轻量化服务的方式在本地工业大数据应用上运行。

目前，阿里云工业大脑成功服务了协鑫光伏、正泰新能源、攀钢集团等企业，帮助这些企业在良品率、生产效率等方面实现突破，获得了更多利润。

8.2　数字制造落地场景盘点

生产制造包含多个环节，因此，制造业数字化转型可以从很多方面展开。具体来说，数字制造可以在生产、管理、服务等场景落地，助力企业实现柔性生产、完善组织架构、转变服务模式。

8.2.1　生产数字化：柔性生产迎合新趋势

制造业正逐步朝着智能化转变，许多需要人工进行的环节都由智能化机器替代，有效提高了生产效率和产品质量。企业想要在激烈的市场竞争中生存，就需要不断发展，找出一套行之有效的、能够对市场变化快速做出反应的生产方法，即柔性生产。

例如，A企业在早年数字化转型过程中曾面临市场冲击下的生产危机。用户需要非同质化的产品和个性化的产品服务，但是A企业的生产线较为传统，生产的产品虽然质量较好，但与市场上的其他竞品相比没有太大的区别。

面对行业需求的升级和竞争格局的变化，A 企业选择将生产模式转变为对接渠道、贴近市场的柔性管理。

打造"柔性供应链"是 A 企业在数字化转型的大环境下寻找到的新出路。在产品迭代速度加快的当下，先进行小批量生产，测试市场反应，再根据反馈对产品进行改进，成为 A 企业降本增效的有效措施。但产品的小批量试销，需要整个产业链的共同配合，对企业的组织调配能力提出了很高的要求。

A 企业聚集力量，通过对产业链的开放整合，实现了资源、经验、能力和利益的同享。随着消费结构不断升级，A 企业不断对产品进行迭代优化，提升用户黏性，避免老用户流失。

此外，A 企业在打造"柔性供应链"的同时，对产品原料严格筛选，升级产品包装，全方位提升产品质量，使产品更加符合用户的个性化需求。A 企业的一款产品自上市以来，历经三次全方位升级，紧跟用户需求，销量颇佳。

生产数字化可以打通原料溯源、产业链协同、渠道营销等环节的信息壁垒，降低生产成本。同时，生产数字化使产品库存量最小化，降低风险，增强市场竞争力。

8.2.2 管理数字化：不断完善组织架构

数字化转型会给企业的组织管理带来许多挑战，企业需要进行全面的组织架构变革，以适应不断变化的数字化时代的要求。借助管理数字化，企业能够实现各方面的优化，提高工作效率，加快决策速度，快速响应市场的变化。

企业要以用户为中心，这是很多企业倡导并一直践行的。但是，在传统的科层制组织模式下，决策权掌握在高层级的人手中，最了解用户诉求的人拥有的权力反而最小，根本无法做到以用户为中心，其本质还是以权力为中心。

在科层制组织中，一线业务人员没有决策权，虽然他们掌握最多数据，但不能灵活地响应用户诉求，他们提出的方案、意见要经过层层审批。而每一次信息传递都有可能导致数据丢失，最上层的决策者掌握最少的数据，却需要做出决策，决策风险非常高。

平台型组织需要敏捷地响应前端的用户需求，例如，为了适应"双 11"促销活动，组织集中力量满足一时的需求，但是活动过后，整个供应链会出现闲置，这种闲置会产生巨大的成本。但如果是开放型组织，企业就可以通过整合社会资源来满足临时的高需求，然后等活动结束后，再让资源回归社会，从而节约资源。

为了适应组织的开放性需求，生态型组织正在兴起。生态型组织是一种开放式的组织模式，每个人都是生态体系中的一员，都在为这个生态的发展贡献自己的力量。

生态型组织需要一个运营商。例如，在滴滴出行的平台中，滴滴公司是运营商，它制定规则和标准，对生态内部的活动进行监控，并收取服务费用于生态体系的发展。生态型组织已经超越了传统企业的定义，它更加开放，可以提供多种服务，是未来企业组织发展的大趋势。

从传统组织到平台组织再到生态型组织，企业的组织架构越来越轻巧、敏捷。权力的作用被逐渐弱化，产品、用户、需求成为中心。

8.2.3 服务数字化：数字人为服务转型助力

人工智能的快速发展，使得以"数字人"为代表的数字生产力出现在各行各业的业务场景中。数字人能够帮助企业更好地为用户提供服务，实现服务数字化。

例如，Hour One 是一家位于以色列的 AI 虚拟人制造公司，为教育培训、电子商务、数字健康等领域的用户提供服务。Hour One 的核心产品是自助服务平台 Reals。通过 Reals，用户可以打造逼真的数字人，输入文本即可将其激活并制作视频。数字人可以代表用户用多种语言发言，帮助用户进行远程沟通，提升学习效率。

在 Hour One 的众多用户中，最著名的是 Berlitz。Berlitz 是一家语言文化培训中心，为学生提供语言学习视频课程。Berlitz 最初采用的是真实教室录制课程，但这种方法消耗时间过长、成本过高。因为要面向不同地区的学生，所以教师要使用不同的语言教学，视频无法批量生产。

在这种情况下，Berlitz 选择与 Hour One 合作，利用其提供的数字人进行视频课程录制。Hour One 为 Berlitz 提供的 AI 虚拟人，面部表情与手势自然流畅，语音也十分准确、清晰，非常适合教授语言课程。Berlitz 不必在工作室中花费时间录制多个内容相同、语言不同的真人视频，而是可以利用人工智能生成视频。数字人提升了 Berlitz 的工作效率，为 Berlitz 带来了巨额利润。

再如，传统运营商的营销模式对于客户经理的依赖程度高，一线客户经理对客户进行营销和答疑时，需要经过多系统找入口、找菜单、找文档、识别内容、提炼结论等多个步骤，才能获取到产品政策、产品资费、客户资讯、营销策略等内容，这样的步骤十分烦琐，亟待转变为集中即时应答模式。

上海联通以大模型归纳总结和问答能力为驱动，围绕多系统、分散数据获取生成策略场景，基于智能化大模型底座能力，构建自然语言应答引擎，推动"多路径查询"向"一站式获取"转变、"公文记忆"向"即时应答"转变、"个体经验"向"群体智能"转变。

以政企营销数字化场景为例，上海联通一方面依托智能化底座能力，构建政企产品知识领域大模型。上海联通一方面以政企四库全书作为政企产品问答大模型训练语料，扩充政企领域大模型知识覆盖面和问答能力；另一方面，依托数字人原子能力，通过形象采集、数据清洗、渲染生成、语音合成、驱动模型训练五个核心环节构建 3D 数字人。

上海联通通过大模型与数字人的集成，打造了政企产品数字员工，实现了自然语言应答式策略生成。客户经理可以通过文字或语音对政企产品大模型输入问题，政企产品大模型根据行业特征进行内容生成和归纳总结，生成产品阶梯资费、营销文案等回答，最后通过数字员工将答案传递给客户经理，实现提问到结论推送的一站应答式策略输出。

未来，随着数字人的发展，其对服务数字化的赋能作用会更加明显，将成为企业为用户提供服务的数字助手。

8.3　如何提升数字制造竞争力

数字制造如火如荼，渗透很多制造场景，实现生产过程优化和智能化。想要在数字制造领域脱颖而出，企业就要通过智能传感、数据洞察、智能决策等手段提高数字制造竞争力，实现创新发展。

8.3.1　智能传感：提升智能设备的收集、处理数据能力

传统的传感技术输出的往往是模拟量信号，其本身并不具有信号处理的功能，需要连接特定设备才能实现信号的进一步处理与传输。智能传感结合了物联网与人工智能技术，能够在传感器内部对原始数据进行加工与处理，通过标准的接口与外界实现数据交换，并根据实际需要，通过软件控制传感器的运行。智能传感推动了物联网、大数据、人工智能的发展，带动了制造业数字化转型升级。

智能传感器能够对信息进行学习、判断以及推理，并且具备一定的通信与管理功能。智能传感器自带微处理器，可以将检测到的数据存储起来，并按照指令对数据进行处理，从而创造出新的数据。

此外，智能传感器还具有一定的决策能力，能够自主决定应该传送哪些数据、舍弃哪些数据，并在此基础上完成数据分析。

相比普通传感器，智能传感器有以下四个优点：

（1）可以实现高精度、低成本的信息采集。

（2）具有一定的自动编程能力。

（3）可靠性和稳定性都很高。

（4）功能多样化，适用性强。

在机器人领域，智能传感器是机器人做出各种动作的基础，是机器人的"神经中枢"，可以使机器人拥有和人一样的感官功能，如视觉、听觉、触觉等。此外，智能传感器还可以检测机器人的工作状态。

机器人的视觉传感器主要是深度摄像头。深度摄像头相当于机器人的"眼睛"，通过一定的算法感知物体的形状、距离、速度等信息，帮助机器人辨识物体，实现定位。它具有探测范围广、获取信息丰富等优点。

机器人的听觉传感器主要是语音识别系统。语音识别系统可以对在气体、固体、液体中传播的声波进行监测和分析，进而辨别语音和词汇。

机器人的触觉传感器主要是力觉传感器、压觉传感器、滑觉传感器等。它们可以帮助机器人判断是否接触外界物体或识别被接触物体的特征。常见的触觉传感器有微动开关、导电橡胶、含碳海绵、碳素纤维、气动复位式装置等。

机器人的距离传感器主要是激光测距仪和声呐传感器。激光测距仪和声呐传感器可以为机器人导航，帮助机器人躲避障碍物。例如，思岚科技研发的激光雷达传感器 RPLIDAR A2 能够对周围环境实现 360° 全方位扫描测距检测，帮助机器人以更快的速度描绘出周围环境的轮廓图，并按照导航方案自主构建地图，进行路线规划。

当前，智能传感技术在材料、设计、工艺等方面的应用还有待加强。智能传感器的研究门槛高，随着国家加大对智能传感技术和智能传感器的支持，智能传感领域将迎来发展机遇，助力制造领域数字化转型升级。

8.3.2 数据洞察：为决策提供数据依据

数据洞察指的是通过数据分析和数据挖掘，将数据转化为信息，然后结合具体的业务场景，找出影响业务结果的因素和路径，从而找出问题的原因并得出改进的方向。

数据分析和数据挖掘侧重于开发数据的价值，通过一些技术手段提取数据中的有用信息。而数据洞察强调对数据背后隐藏的信息进行加工和处理，并结合具体的业务场景，做出能够推动业务发展的决策。

数据洞察的目的是推动业务发展，因此数据洞察需要以业务为导向，关注业务发展过程中出现的问题或用户产生的实际需求。在通过数据洞察得出结论后，就会产生可以落地的业务发展方案。在实践中验证、不断迭代业务发展方案，能够促进业务向前发展。

1. 数据洞察的要素

数据洞察的三个要素是数据、业务场景和标准。

（1）数据。通过数据洞察得出的结论要基于数据，且是具有普遍性的数据，避免结论来源数量较少、具有独特性的数据。

（2）业务场景。没有业务场景，数据就是孤立存在的。只有在特定的业务场景下，数据才具有实际意义。

（3）标准。在具体的业务场景下，企业才能明确数据的价值高低、背后蕴藏的信息是否有助于业务发展等，才能制定出进行数据洞察的数据标准。

2. 数据洞察的步骤

数据洞察的步骤很复杂，但这些步骤可以划分为四个层面，如图 8.3 所示。

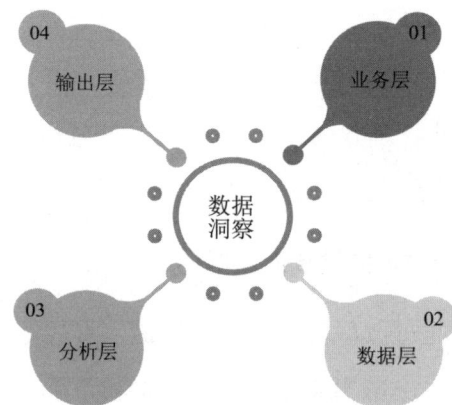

图 8.3 数据洞察的四个层面

（1）业务层。进行数据洞察前，企业要先根据业务问题和业务需求明确需要哪些数据，然后再结合具体的业务场景，挖掘这些数据的深层含义和内在价值。

（2）数据层。在数据层，首先，企业要通过数据埋点上报、数据同步等方式获取业务发展所需数据；其次，企业要进行数据清洗，避免错误数据对最终结论产生影响；最后，企业要对数据进行整理，以便进行数据分析。

（3）分析层。在分析层，企业可以通过对比分析、聚类分析、方差分析等方法从数据中获取规律、现象，并构建数据模型。

（4）输出层。根据分析层得出的规律、现象，企业可以得出结论，制定科学的业务发展决策。在实践中，企业还要验证决策的准确性，并不断迭代数据模型。

数据洞察与业务的结合非常紧密，脱离了业务场景，数据洞察结论可能是无效的，无法为企业决策提供帮助。企业可以在实践中不断提升自己的数据洞察力，更好地用数据赋能决策。

8.3.3 智能决策：助力企业降本增效

在进行数字化转型的过程中，许多企业意识到了大数据的重要性。大数据能够对数据进行采集和分析，助力企业做出智能决策，实现降本增效。

大数据对企业决策的助力主要表现在两个方面：

一方面，企业可以借助大数据广泛采集用户购物时的搜索数据、使用产品的数据、售后反馈数据等，然后通过智能技术进行整合与分析，准确把握用户的需求偏好与类型，从中挖掘出未被满足的用户需求。

另一方面，企业可以通过大数据系统监测产品生产过程、产品营销流程等，通过实时反馈的数据了解生产线、营销活动等的状态和结果。同时，依托大数据分析的智能性，除了单纯的监测外，大数据系统还可以根据海量数据进行智能决策，助力企业高效运转。

例如，信数科技推出 AIS（artificial intelligence suite，人工智能套件）体系，以大数据技术助力企业的智能决策。该体系以企业智能决策为导向，通过对产品各环节实时反馈数据的分析，结合机器学习与深度学习，助力企业进行智能决策，实现企业日常运营与管理的智能化与敏捷化。

信数科技的 AIS 体系能够形成一个由数据驱动的管理闭环，它的运行主要分为四个环节：大量收集内外部数据、挖掘数据的价值、进行智能决策、促进企业高效运营。

在营销方面，该体系能够通过强大的数据计算与挖掘能力，将用户消费过程中产生的各种数据融合起来进行智能分析，同时能够对营销效果进行实时监控。当营销策略出现问题时，企业能够快速响应，及时调整策略。此外，该体系还具备自动生成可视化数据图表的功能，能够将营销数据以图表形式呈现，为企业进行战略决策提供数据支撑。

AIS 体系搭载先进的智能决策引擎，能够对企业的业务规则和策略进行单独管理。智能决策引擎和中台以及流程管理系统之间的交互通过 API 接口进行，使用者将业务规则、风控模型、定价策略等部署在智能决策引擎中，中台或流程管理系统便能够进行决策调用。中台向智能决策引擎提供数据，智能决策引擎通过计算给予中台结果反馈，中台便能够进行下一步操作。

AIS 体系适用于重复、琐碎、大量、规律的企业营销活动，在营销数据实时反馈与智能决策方面能够发挥重大作用。

第9章

数字零售：
描绘零售行业新场景

随着数字技术的发展和数字经济的推动，零售行业经历了一场深刻的变革，传统零售模式向数字零售转型，开启零售行业发展新篇章，描绘零售行业新场景。在数字零售模式下，线上线下融合、零售业态创新成为新常态。

9.1 数字经济时代的零售转型

数字化浪潮席卷全球，为很多行业带来变革。在零售行业，数字化和零售相结合产生了数字零售，推动零售行业转型。具体来说，零售行业的生产转型和产业转型进程加快，数字零售在很多场景落地应用。

9.1.1 生产转型：以要素变革实现数字零售

在零售行业中，人、货、场是三个基本要素，但是时代不同，三个要素的重要程度也不同。在传统零售时代，货占据重要地位；而在新零售时代，人占据重要地位，零售模式从"货场人"向"人货场"变革。

从"货场人"到"人货场"的转变是数字零售开始的重要标志，这可以从三个方面进行说明。

1. 人：以人为本无限逼近消费者内心需求

数字零售无限贴近消费者的需求，能够在丰富场景下智能化地向消费者推送其真正需要的信息。例如，当某个人想要出去旅游时，他可能会浏览大众点评等软件上的信息，并在购票软件上查看车票、飞机票等，以选择最佳出行方式及目的地。这时，这些软件通过收集、分析用户的数据，会为用户推送一份能够满足其旅游需求的旅游指南。

2. 货：C2B 生产模式

在工业 3.0 时代，商业法则是"大生产 + 大零售 + 大渠道 + 大品牌 + 大物流"，主要目的是降低企业生产成本。在工业 4.0 时代，随着经济发展和生活水平不断提高，价格已经不再是影响消费决策最重要的因素。企业实行消费者对企业（consumer to business，C2B）的生产模式，使得商品能够更加匹配消费者的真实需求。

3. 场：消费场景无处不在

当今，企业与消费者的触点实现爆发式增长，消费者的购物渠道更加多元化，如实体店购物、网上购物、电视购物等。可以说，只要有屏幕和互联网的地方，企业和消费者之间都能达成交易。随着 AR/VR 进一步发展成熟，消费场景更是无处不在，定制化生产更加普遍，消费者想要的产品唾手可得，这将提升消费者的消费体验。

在数字经济时代，零售行业人、货、场三个要素之间的关系发生变革，零售模式被重构，数字零售蓬勃发展。企业应抓住数字零售带来的发展机遇，抢占更多市场，实现效益提升。

9.1.2 产业转型：以产业创新推动数字零售落地

2022 年"双 11"购物狂欢节电商平台成交数据显示，消费市场已经产生多个增长极，更具活力，消费者消费欲望、消费能力很强。同时，数据显示，消费趋势有了新变化，消费者更注重体验式消费和价值消费。

截至 2022 年 11 月 11 日，东鹏集团在淘宝"装修建材天猫'双 11'品牌成交金额排行榜"和京东"装修定制服务好店店铺榜单"中均获得第一名。这表明东鹏集团产业创新成果显著，走在数字零售时代前列。

随着时代变化和消费水平的提升，一些消费者的居住需求从满足生活需要向注重设计、质感、个性等方向转变，一站式的家装解决方案成为他们的首选。东鹏集团及时捕捉到消费者需求的变化，从用户价值出发，创新性地推出"东鹏超会搭配，墙地装到家"的一站式家装服务，力求为消费者提供兼具实用性和时尚美感的家装新选择。

东鹏集团以"缔造美好人居"为品牌理念，聚焦空间设计和匠心交付，变革消费链路，提升行业服务标准。在产业创新方面，东鹏集团为产品注入创意元素，更符合年轻消费者的喜好。例如，东鹏集团打造出新中式、法式轻奢、现代简约、奶油风等多种风格的家装套餐，消费者可以自由选择，避免了挑选建材的麻烦，而且可以更直观地看到装修后的效果。

作为瓷砖行业新零售的领军者，东鹏集团在数字经济时代积极拥抱数字技术，探索新零售模式。在零售模式升级的过程中，东鹏集团从材料品牌向服务品牌转型，在产品、服务等方面进行变革。此外，通过市场消费数据洞察，东鹏集团不断延伸服务链路，提升用户线上线下消费体验；线上线下零售渠道、产品、服务全面打通，并形成闭环，让消费者"所见即所得"。

未来，东鹏集团将继续在家装行业深耕，致力于推出新的产业模式、打造行业服务新生态，为更多消费者提供品质家装新选择。

9.1.3 无人零售：以数字化方式了解与触达用户

数字经济催生了很多新业态，如无人零售。无人零售依托于很多先进技术，能够以数字化的方式了解、触达用户，使用户的消费过程更加便捷、智能。

很多企业已经进军无人零售领域，例如，罗森和松下电器合作，携手推出全自动收银机。引进这个智能设备，再加上智能购物篮的助力，罗森就可以为消费者提供自助结算服务。自助结算服务的具体操作流程如下：

（1）每个智能购物篮中都有一个扫描器，每件产品上都贴了可供消费者扫描的射频识别（radio frequency identification，RFID）电子标签。

（2）消费者将想购买的产品放到智能购物篮中（需要先对产品进行扫描），智能购物篮会将产品信息（如价格、数量、规格等）记录下来。

（3）罗森的全自动收银机上有一个狭槽，消费者只要把智能购物篮放进这个狭槽中，产品总价就会在结账屏上显示出来。然后，消费者就可以用现金或信用卡付款。

（4）消费者完成付款，智能购物篮底部就会自动打开，产品会跌落到已经准备好的购物袋中并自动升起，消费者就可以取走自己购买的产品。

全自动收银机和智能购物篮具备一定的无人零售属性，是罗森实现数字化转型的强大动力。除了推出全自动收银机和智能购物篮以外，罗森还推出了夜间无人值守结账服务，这项服务是缓解劳动力压力的有效方法。

这项服务已经正式投入使用，消费者可以在夜间享受无人值守结账服务。消费者只要在手机上安装一个应用程序就可以在罗森自助购物。这样消费者结账时就不需要排队，罗森也不需要在夜间安排工作人员值班。

我国一些企业推出了无人商店，如深兰科技推出的 Take GO 取得了不错的业绩。该无人商店外部装有扫描屏幕，消费者可以在注册并登录软件后扫码进入。消费者进入商店后，会有摄像头检测其是否购买产品。如果消费者把产品带出商店，其手机上便会收到账单详情和结账提醒。

数字经济时代，零售行业转型加快，自动化、智能化程度更深。在无人零售等新零售模式的推动下，零售领域将实现全面升级。

9.2 数字零售，不止于零售

数字技术给零售行业带来由内而外、彻底的变革，但其不仅是以传统零售为改造对象，电商零售、直播零售等新零售模式也是其改造的对象。数字零售不止于零售，其最终落脚点是人货场的重构、服务模式的升级、销售链路的优化、全新消费生态的打造等。

9.2.1 互联网，并非数字零售的核心技术

数字零售时代，流量、营销、内容有了新的定义和内涵。如果深入挖掘

这些新定义和新内涵，就会发现它们都以互联网为底色。换言之，互联网技术是它们的底层支撑。归根结底，数字零售领域的玩家们还是基于互联网进行模式创新、优化，零售的核心技术还是互联网，零售的内在逻辑没有发生很大的变化。

如果数字零售一直以互联网为核心技术，那么它无法在未来取得突破性发展。因为很多新概念、新模式都有互联网的影子，都可以被划分到互联网的范畴。只有数字技术真正成为数字零售的底层支撑，数字技术赋能数字零售、推动数字零售发展，数字零售才能跳脱出互联网的范畴，走上新的发展轨道。

基于互联网技术，传统零售模式和新零售模式能够实现整合、优化，但基于数字技术，零售的元素、流程和环节会发生彻底的变革。经过数字化转型后，零售行业线上线下的界限被打破，虚拟购物体验接近实体购物体验，虚拟与现实的融合更加深入。

如今，零售领域出现的一些新业态，如智能决策、智能服务、智能物流等，都可以被划分到数字零售的范畴。但是，这些业态只是数字零售范畴很小的一部分。只有数字零售摆脱对互联网技术的依托、数字技术真正成为数字零售的核心技术，实现需求端和供应端的高效、无缝对接，数字零售才真正进入新的发展阶段。

9.2.2 平台，并非数字零售的主要载体

当前，在零售领域，无论是大型互联网电商平台等综合型玩家，还是 SaaS 服务商等专业型玩家，都是以平台为载体提供服务，都存在一个中心。不同的是，综合型玩家掌握的是综合型资源，而专业型玩家掌握的是专业型资源。

如果数字零售依然以平台为载体，那么平台的定位还是供需对接和资源整合，传统的收割流量和规模扩张的发展模式没有改变。这样一来，数字零售就只是电商零售的延续。但是，这并非数字零售的最终发展形态，真正的

数字零售，应该是去中心化、不依赖于平台的。

真正意义上的数字零售不需要平台和中心，供应链上的上游生产者和下游消费者之间没有中间商，可以直接对接，下游的需求可以直接反馈给上游供应商，上游的产品可以直接输送给下游需求者。这样的直接对接不需要平台等第三方背书，也不需要借助复杂的营销推广手段，提升了产品生产、流通的效率，行业整体效率也会得到提升。

在对接的过程中，数字零售领域的玩家不再扮演中心的角色，而是深入供应链的各个环节，在必要时，为环节的正常运转提供帮助。

9.2.3　拼凑，并非数字零售的固定动作

很多人对数字零售的认知是错误的，认为数字零售就是对已有的零售元素、流程、环节进行重新组合、拼凑。

将这些内容进行简单拼凑，可以产生一定的效果，能够推动零售行业获得一定的发展。但是，不对零售行业的底层逻辑进行变革，数字零售只会催生很多底层逻辑相同的新业态，而没有彻底变革零售的内涵。

数字零售不是对已有元素、流程、环节进行简单拼凑，而是采取新旧元素组合的方式，衍生出具有鲜明特征、底层逻辑完全不同的新业态。

拼凑，并非数字零售的固定动作。数字零售想要真正有所突破，就要打破原有元素、流程、环节之间的界限，并融入新的元素、流程、环节，实现真正的元素重组、流程再造、环节互通。

9.2.4　零售，并非数字零售的终点

数字零售和电商零售有着本质区别：电商零售以达成交易为最终目标，而在数字零售模式下，交易达成不是终点，而是一个开端。

在数字零售模式下，达成交易后，如何使上游供给端与下游需求端在之后的交易中直接对接、重塑传统的供需模式，才是关键。如果数字零售以达

成交易为最终目标，那么它只需要基于新的营销工具、营销思路即可实现这一目标。这样一来，它还是属于互联网的范畴。

将零售作为数字零售的终点，无法拓展更大的行业发展空间，甚至会导致零售行业陷入死胡同。因此，我们应跳出零售和互联网的范畴，以全局的视野来看待数字零售，将数字零售看作变革零售行业的着力点，并积极寻找改造上下游对接模式、满足上下游发展需求的新方法，推动数字零售进入新的发展阶段。

9.3 数字零售发展路径分析

如今，流量转向线上，各种新兴的零售渠道不断涌现，助力零售行业降本增效、发展边界拓展。企业应紧抓数字零售带来的发展契机，积极拓展零售渠道，实现全渠道零售，为消费者带来更优质的消费体验。

9.3.1 全渠道零售：连接线上与线下

我国一些企业积极拓展零售渠道，将线上与线下的渠道整合起来，进行全渠道零售探索。例如，良品铺子是一个集食品研发、加工、零售等于一身的零食品牌。在不断发展壮大的过程中，良品铺子积极进行零售数字化探索。

良品铺子与华为云合作，共同打造全渠道零售模式。良品铺子将系统应用和产品（system applications and products，SAP）开发测试系统迁移到华为云上，构建了一体化零售平台，提升了系统运行的平稳性。

华为云的灵活扩展性使良品铺子可以轻松应对百万级别的订单交付工作。同时，华为云的微服务引擎等平台即服务（platform as a service，PaaS）服务可以实现业务代码克隆，进一步提升了良品铺子的新品研发效率。之前，良品铺子进行新品研发前需要花费 3 ~ 4 天时间部署产品测试系统，如今借助代码克隆功能可以在 1 小时内轻松完成任务。这意味着，良品铺子可以快速响应市场需求，实现精准营销，为用户提供极致的购物体验。

选择华为云是良品铺子对比多家服务商之后的决定。其首席信息官表示："良品选择服务商是非常谨慎的，选择华为就是看中了华为以客户为中心的服务理念以及对客户需求的快速响应和解决的能力。良品将 SAP 系统部署在华为云上，通过华为混合云的解决方案能真正满足良品未来业务快速增长的需求。"

对于大多数企业而言，实现零售数字化转型不是一件容易的事，但在华为云的技术支持下，良品铺子成功搭建了一体化的零售平台，大幅提升了零售效率。在进行零售数字化探索的过程中，企业可以与成功的云计算服务商合作，在完成业务数据迁移后，具有弹性的自适应云服务就可以帮助企业拓展数字化零售渠道，实现零售业务的数字化转型。

9.3.2 体验式消费：打造个性化服务

随着时代的发展和消费观念的升级，消费者的消费需求不断变化，更加注重消费体验。企业要想在激烈的市场竞争中立于不败之地，就要以消费者需求为核心设计、生产产品，并为消费者提供体验式消费场景。

什么是体验式消费？体验式消费就是企业以消费者为中心，通过对产品、销售场景的安排以及特定体验过程的设计，让消费者获得美好的体验，从而获得精神上的满足。

"零售 + 体验式消费"可以通过三种方式实现，如图 9.1 所示。

1. 推出购物节，为消费者带来低价购物体验

2022 年 10 月 22 日，作为上海百货标杆的新世界城举办内购会，内购会上的产品的价格和淘宝、天猫对标。为了能和众多供应商达成价格上的一致，新世界城早在几个月前就开始筹划这次内购会。

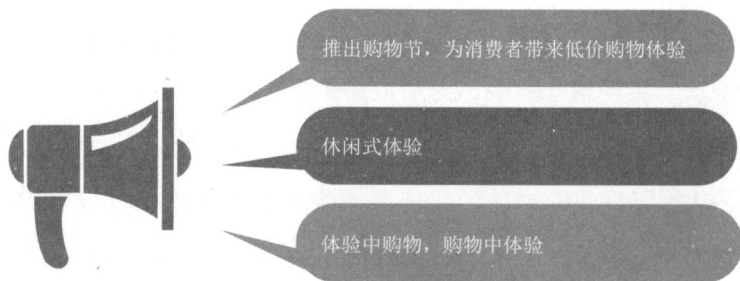

图 9.1 "零售 + 体验式消费"的实现方法

由于部分产品的价格很低，因此一些供应商颇有微词，例如，一款某热播电视剧中女主角同款手表的售价为 11.3 万元，在内购会上，这款手表有着八五折的折扣价，优惠了近 1.7 万元。这为很多想出国购买这款手表的消费者提供了便利，而且价格也更具吸引力。

2. 休闲式体验

消费者是单独的个体，每个消费者对服务的需求和理解都不相同，而企业可以把某些环节交给消费者去操作，从而使消费者从中获得乐趣和新奇的体验，提升他们的消费满足感。例如，在实体店里，消费者可以自己动手挤冰激凌、榨新鲜果汁、做蛋糕等；在超市里，消费者可以通过扫描产品二维码完成付款，减少了在柜台排队付款的时间；在农家乐，消费者可以自己摘草莓、摘葡萄、种植蔬菜等；在咖啡店，消费者可以自己研磨咖啡粉、尝试咖啡拉花等。

3. 体验中购物，购物中体验

根据消费者的购物需求，家居品牌居然之家打造了一个更高品质的家具体验馆，在这里，消费者可以体验到更多的服务。

消费者走进家具体验馆，不会感觉这是一个家居卖场，而更像一个喝茶、品酒、听音乐会、谈商业合作的理想场所。家具体验馆的消费者体验区不仅整合了多款花洒和龙头，而且还直接向消费者展示花洒、龙头的实际出水效果。这样一来，消费者就可以体验不同水柱落在皮肤上的触感。此外，工作人员也会在现场展示多款产品的使用方式，并介绍不同产品的特色。

越来越多的企业推出体验式消费产品，服务越来越透明化，消费者的满意度与黏性更高。体验式消费发展势头迅猛，在一定程度上表明现在的商业竞争已经由传统竞争转向依靠大数据、前沿技术的高端竞争。

9.3.3 直播带货：推动供应链变革

如今，短视频、直播等新事物蓬勃发展，催生了直播零售这一新的零售模式，给用户带来了全新的购物体验。同时，直播零售模式给供应链运营带来了一定的机遇和挑战，直播零售模式对供应链的主要影响如图9.2所示。

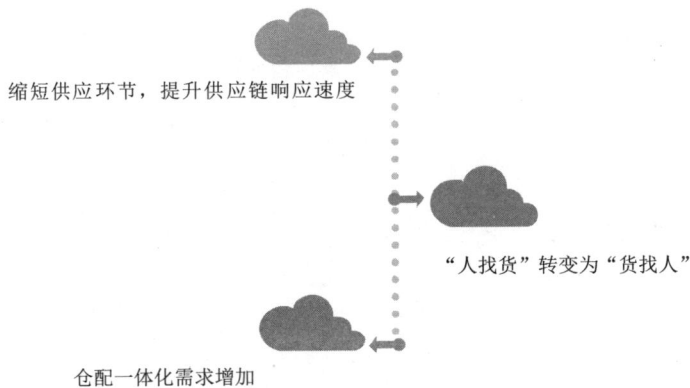

缩短供应环节，提升供应链响应速度

"人找货"转变为"货找人"

仓配一体化需求增加

图 9.2 直播零售模式对供应链的影响

1. 缩短供应环节，提升供应链响应速度

在传统供应链上，零售商需要通过向供货商提供需求来订货。而在直播零售模式下，消费者可以通过线上直播平台直接与供货商联系，而不再需要零售商这一中间载体。这种模式拉近了消费者与供货商的距离，使商品能够以更低廉的价格、更快的配送速度到达消费者手中。少了零售商拿货的环节，供应链响应速度也得到了提升。

2. "人找货"转变为"货找人"

在传统零售模式下，消费者需要通过商铺找到所需商品。直播零售模式衍生出了更多的消费人群，使消费者的购物行为从"人找货"逐渐转变为"货找人"。而在直播零售模式下诞生的主播，主要负责向上与供应商谈价、向下聚集粉丝和流量。

3. 仓配一体化需求增加

直播零售模式下的出货特征是集中爆发式的订单，为高效的仓配一体化模式的发展提供了适用场景。

当下，直播零售模式发展火热，供应链变革的速度加快。零售企业应利用好直播平台的价值，为企业的零售转型增添更多动能。

第 10 章

数字物流：
为物流产业指明方向

如今，数字技术与物流行业的融合进一步加深，传统物流向数字物流转型。数字物流背后有很多先进技术作为支撑，是物流行业新的发展趋势，能够提升物流运输效率，降低物流成本，使整个供应链得到优化。

10.1 数字化趋势下的物流变革

数字物流给物流行业带来新的变革，具体体现在优化物流体验、物流无人化、突破供应链发展瓶颈等方面。企业应紧抓数字经济浪潮带来的机遇，提升整个供应链的柔性、弹性、灵活性，积极响应消费者对物流运输的新需求。

10.1.1 不断优化的物流体验

传统物流由人工控制物流过程，因此容易出现一些问题，如快件丢失、爆仓压货、效率低下等。而且，传统物流运输过程中的各个环节是割裂的，没有形成一个统一的业务链条。

随着5G、大数据等数字技术应用到物流行业中，传统的人工记录物流信息的方式被数字化的方式取代，极大地降低了物流成本，提高了物流运输效率。

以"双11"为例，随着电子商务和物流行业的发展，"双11"已经成为备受消费者期待的日子。相较于平日，"双11"的成交额大幅增加，给物流仓储和配送带来了很大的压力，物流企业面临巨大的挑战。而数字技术在物流行业的应用，能够为物流企业提供便捷、高效的工具，提升物流运输过程的透明性，在一些方面进一步优化物流体验，如图10.1所示。

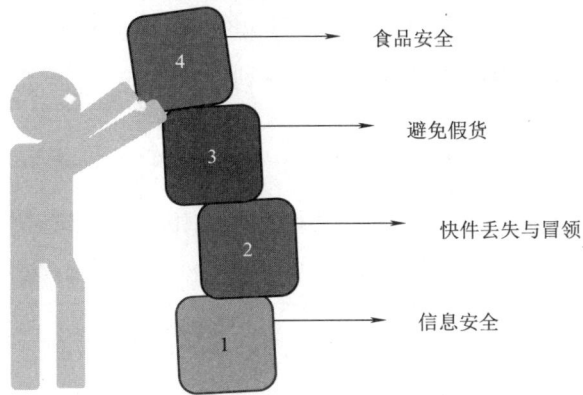

图 10.1　物流体验得以优化的四个方面

1. 信息安全

在寄收快递方面，数字技术能够对快递信息进行加密，充分保障消费者信息安全。此外，数字技术能够优化快件揽收与配送业务流程，提升物流人员的工作效率。

2. 快件丢失与冒领

传统物流运输存在信息更新不及时、跨区域运输中转时间长等问题。而数字技术可以实现快递信息的动态跟踪与查询，防止快递丢失或者被冒领。

3. 避免假货

数字技术可以对商品的销售与邮寄进行全线追踪，实现整个物流运输过程的透明化、标准化，并且物流运输数据信息是无法被更改的。

一旦消费者买到假货，就可以通过物流运输数据信息向商品销售方追责。这在一定程度上防止了假冒伪劣商品的出现，保障了消费者的利益。

4. 食品安全

食品安全影响消费者的身体健康，在物流运输过程中保障商品的品质与安全十分重要。数字技术能够改变食品安全不可控的状况，集装箱中配置有传感器，对食品的情况进行记录，保障了食品安全的精准度、透明度。

数字技术与物流行业的融合发展，能够优化消费者的物流体验，保障消费者的权益，给消费者的生活带来更多便利。

10.1.2 机器人上岗，物流无人化

如今，机器人被广泛应用于物流运输行业中，能够提高物流运输效率和智能化程度，打造智慧物流产业链，推动数字物流在更多场景落地。

具体来说，物流行业中的机器人主要有三种，如图 10.2 所示。

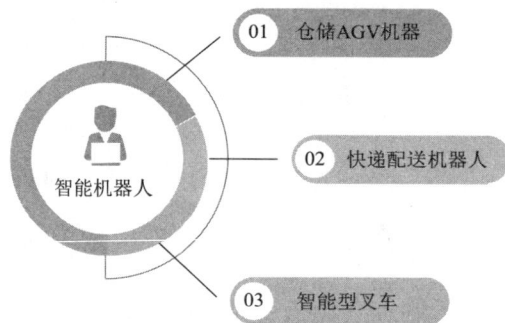

图 10.2　物流行业中的智能机器人

1. 仓储 AGV 机器人

仓储是物流环节的重要组成部分，其工作内容较为烦琐，工作量较大，但是含金量较低，需要耗费大量的人力成本。将机器人合理地应用于物流仓储中，能够提升其工作效率，降低人力成本。

例如，上海快仓与北京佰才邦联合创新，生产了智能仓储自动导引运输车（automated guided vehicle，AGV）机器人。仓储 AGV 机器人能够在工作区域内流畅地穿行，执行任务十分顺畅。仓储 AGV 机器人很大程度上简化了仓库物品的调度与运输流程，减少了时间消耗，提升了仓储效率。

2. 快递配送机器人

将机器人应用于配送环节，可以节省人力成本，提高工作效率，改善消

费者的网购体验。目前，快递配送机器人越来越多，并且已经在一些试点城市投放，未来将实现全面普及。

快递员将需要配送的快递放入机器人的小格子内，机器人会根据收货人的地址和具体环境自动规划出一条合适的线路。机器人到达目的地时，会向收货人发送取件码，收货人可以通过取件码收取快递。如果收货人不方便取件，需要通过指定的 App 反馈，机器人会为收货人规划下一次配送时间。

3. 智能型叉车

智能型叉车是一种能够自动导航的移动机器人，在物流行业中得到广泛应用，为物流人员的货物挑拣与运输提供方便。智能型叉车搭载了条码识别、无线传输等技术，工作水平与复合能力得到提升，促进数字物流实现。

将机器人应用于物流运输过程，能够降低物流运输的人力成本，提高物流效率，优化物流运输流程，推动物流运输智能化、透明化、自动化发展。

10.1.3 突破供应链瓶颈

传统供应链存在三大痛点：需求快速变化与不确定性、预测与响应能力亟待提高、缺乏全球化的外部协作。而数字物流的发展，推动传统供应链向数字供应链转型，传统供应链的瓶颈被突破。

以华为供应链集成供应链（integrated supply chain，ISC）变革为例，ISC 项目是华为推出的以用户为中心的集成供应链变革项目。该项目覆盖了采购、制造、营销、用户服务等多个环节，强调以用户需求为牵引，致力于实现供需的最优连接。

在 ISC 项目的前期阶段，IBM 顾问通过对业务部门的调查发现了供应链存在组织问题、流程问题和 IT 问题。于是，ISC 项目负责人决定基于供应链运作参考（supply-chain operations reference，SCOR）模型对供应链进行优化。SCOR 模型的前端是供应商、后端是用户，从前端到后端，涉及采购、制造、物流等多个环节。ISC 项目将各个分散的环节与用户订单结合起来，构成了

ISC 集成供应链主流程的顶层结构。

此外，ISC 项目将供应链与销售看作一个整体，致力于使供应链运营规划和销售预测达到集成效果，从而使供应链能够高效运营。同时，华为在其销售部、生产部、采购部定期召开 ISC 项目会议，分析用户需求和自身供应能力的差距，总结可以弥补差距的措施，在采购、生产、发货等方面竭力满足用户需求。

ISC 项目的全球物流和全球订单统一管理也是重点。以前，华为海外的业务需要依赖海外第三方和第四方物流，在物流运输上具有一定的风险。在 ISC 集成供应链中，华为选取全球顶尖的物流公司作为供应商，物流供应更有保障。

ISC 项目推动了华为供应链变革，实现了供应链全流程的主动衔接和响应，使华为更好地服务用户，保证用户利益。华为的供应链变革对很多企业来说都具有很大的借鉴意义。

10.2　数字物流背后的技术支撑

数字物流的发展，离不开技术的支撑。数字物流背后的技术主要有物联网技术、定位技术、自动驾驶技术、大数据技术等。这些技术共同推动数字物流智能化发展，为物流行业的发展提供新范式。

10.2.1　物联网：提升运输过程透明度

物联网通过各类传感装置、射频识别、视频识别、红外感应、全球定位系统、激光扫描器等信息感知设备和技术，实现物品和机器的智能化识别、定位、跟踪、监控和管理等，能够提升运输过程透明度。

在物流行业中，物联网主要应用于三个领域，如图 10.3 所示。

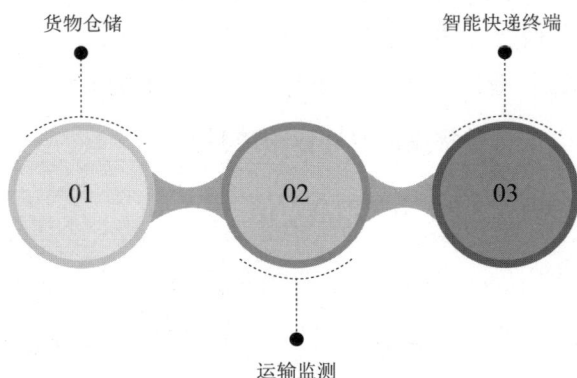

图 10.3　物联网应用的三大领域

1. 货物仓储

传统仓储需要人工扫描货物、录入数据，工作效率低下，而且货物位置划分不清晰，堆放混乱，缺乏流程跟踪。将物联网与传统仓储结合起来，形成智能仓储管理系统，可以提高货物的出入库效率，扩大仓库的容量，减少人工成本。同时，还可以实时监控货物的出入库情况，提高交货准确率，及时完成收货入库、拣货出库等工作。

2. 运输监测

通过全球定位系统进行运输流程的可视化管理，企业可以实时监控运输的货物以及车辆，完成全方位的定位和跟踪，了解货物的状态及温湿度情况等。在货物运输过程中，企业应该动态监测货物、司机以及车辆情况等信息，以提高运输效率、降低运输成本与货物损耗，实现物流作业的透明化、可视化管理。

3. 智能快递终端

智能快递柜是一种得到广泛应用的物流终端设备。基于物联网，智能快递柜具有对货物进行识别、存储、监控和管理的功能，与 PC 服务器共同构成智能快递投递系统。将货物送达指定地点并存入快递终端后，智能系统自动向用户发送短信，包括取件地址以及取件码等，用户可以在 24 小时内随时去智能终端取货物，简单、便捷地完成取件操作。

物联网在物流行业的应用，能够助力打造一个物流运输全流程可视的动态运输网络，全方位提升物流运输过程的透明度。

10.2.2 定位技术：7×24 小时精准定位

全球定位系统（global positioning system，GPS）是一种基于卫星的定位技术。该项技术具有覆盖全球、全天候工作、定位精度高、功能多、应用广的特点，可以提供实时的三维位置、三维速度和精密时间，而且不受天气的影响。

GPS 由三大子系统构成：空间卫星系统、地面监控系统、用户接收系统。通过 GPS 强大的功能，企业可以对运输中的车辆进行定位、跟踪调度以及管理。利用 GPS，企业可以在全球范围内进行低成本、高精度的三维位置、三维速度和精确定时的导航，极大地提高数字物流体系的信息化水平，推动物流行业的发展。

GPS 在物流运输中的作用有以下几点：

1. 车辆跟踪调度

GPS 在车辆与物流中心之间建立了迅速、准确、有效的信息传递通道。物流中心可以随时掌握车辆状态，监督运输车辆，还可以根据实际需要锁定车辆位置，远程控制车辆。

2. 实时调度

物流中心可以通过 GPS 随时了解车辆的实时位置和状态，如运行方向、任务执行情况等。物流中心接到需求后，根据货物送达地点，自动查询可供调度车辆，并将用户的位置信息推送给附近的空载车辆。这样可以节省时间，提高效率，合理配置物流资源。

3. 报警

物流中心可以设定车辆的运行路线和界限，车辆未按规定路线行驶或超出界限，车载设备将立即发出车辆越界警报。当运输途中遇到突发事件时，司机可以按下紧急呼叫按钮向物流中心求助，物流中心接到报警后，会立即开启自动记录与自动录音功能，并给予司机帮助。

通过 GPS，货物与司机的安全都有了更高的保障。而且不管是用户、运输方还是收货方，都可以实时了解货物的情况，并推算货物到达目的地的时间，解决了传统物流中不了解货物在途情况的问题，增强了三者之间的信任。

10.2.3　自动驾驶：无人配送不再是梦

末端物流是指将快件送达给消费者的物流，也被称为"最后一公里物流"。末端物流直接关系到快件的送达时间和消费者的物流体验，是整个物流运输流程中与消费者直接接触的环节。

过去，为了解决消费者居住地分散、配送场景复杂、货物种类多、消费者对配送时间的要求不同等问题，物流企业需要投入大量人力来做好末端配送工作，保证消费者有较高的满意度。如今，依托于自动驾驶技术，无人配送车在一些城市已得到应用，其穿梭于大街小巷，给消费者带来高效、新奇的快件配送体验。

例如，在北京市顺义、亦庄等地区，毫末智行推出的无人配送车"小魔驼"负责完成物流配送"最后一公里"的工作。

毫末智行是一家成立于 2019 年、致力于推动自动驾驶技术和物流行业融合的人工智能公司。它以零拥堵、零事故、自由出行、高效物流为目标，助力整个物流体系重塑和升级。2023 年 5 月，毫末智行在"第七届世界智能大会"上推出了第三代末端物流自动配送车"小魔驼 3.0"。

"小魔驼 3.0"采用模块化设计，具有很强的适应性，可以满足消费者不同的配送需求；搭载了多种传感器和毫末智行自主研发的域控制器，具有 L4 级自动驾驶能力，可以实现 360° 环境监测和自动化运行，给末端物流配送提供更加高效、安全的解决方案；采用了全新升级的自动驾驶技术，可以实现自主规划路线、自动避开障碍物、自我学习和优化等，从而提高配送效率，降低人工成本；可以提供 24 小时服务，满足消费者对快件配送的个性化、特殊化需求。

"小魔驼 3.0"是一款集自动驾驶、无人配送等多种优势于一身的末端配送无人车，在市场竞争中具有很大的优势，发展空间广阔。随着技术的进步，这款车型将给物流行业效率提升和创新发展带来更多可能性。

10.2.4 大数据：盘活人、车、货、企等数据

物流能够把很多行业连接起来，推动它们的数字化进程，因此，物流行业的发展在一定程度上决定着经济运行的效率。

例如，Z 企业打造了物流数字化系统，运用大数据技术充分挖掘数据资产的价值，将人、车、货、企连接起来，实现物流配送全面数字化。

货运物流承担着运输生产生活所需基本物资的责任，其中，公路货运承担了大部分的货运量，被称为推动经济发展的"大动脉"。一些 12 吨以上的重载货车（如半挂车、自卸车）是公路货运的主力军。Z 企业从这些车型入手，将百万级规模的货车的信息录入车联网系统，使货车数字化，成为可以流动的数据要素。Z 企业还在物流运输中收集这些货车的常跑路线、平均货运量、运行轨迹、订单数据等信息，并基于此推出自动监管、超速提醒、轨迹查询等服务，有效提高了公路货运的安全监管水平。

除了将货车数字化外，Z 企业还通过物流科技能力平台盘活人（货车司机）、货（客户的货物运输需求）、企（物流企业和客户企业）等数据要素。基于北斗时空应用、人工智能、物联网等技术，这些数据要素被转化为科技能力，如智能调度、运力管理、智能轨迹纠偏、运输时效管理等。根据不同客户的不同运输需求，这些科技能力可以组合成不同的解决方案，为客户提供具有针对性的物流运输服务。

通过盘活人、车、货、企等数据，Z 企业实现了物流运输全程可视化管

理，既实现了效益、效率提升，又实现了物流运输模式升级。在数字经济时代，物流企业应该重视数据要素，充分挖掘其价值，以大数据赋能物流数字化发展。

10.3 方案汇总：低成本落地数字物流

数字物流可落地的场景很多，路径也很多，例如，企业可以借助补货系统实现智能补货、建立灵活的动态运输网络、将上下游企业打通等。一些企业已经在数字物流领域进行了探索，如徐工制定"云轨道"解决方案，解决制造过程中物料配送的问题。

10.3.1 借助补货系统实现智能补货

在传统的供应链中，补货需要由人工完成，导致补货具有滞后性，且不够精准。而数字经济时代出现的智能补货系统，能够通过对供应时间、数量、周期的准确控制保证商品的供应效率，实现商品的供需平衡，提高库存的周转效率。

以智慧零售企业 SandStar 视达为例。作为"AI+零售"领域的先行者，SandStar 视达搭建了集数据采集、数据分析、数据预测、智能决策于一身的补货算法模型。该模型能够及时、准确地展示商品信息、补货时间和补货数量，增强了出货计划和销量预测的准确性。同时，SandStar 视达还为不同的影响因子（如促销因子、季节性因子等）单独建模，确保补货在不同场景下都具有及时性、精准性。

通过在售货机上安装 AI 摄像头，SandStar 视达的智能补货系统能够精准识别售货机中每个商品的销售动态。智能补货系统能够根据商品的实时拿取情况判断商品缺货状态，自动生成智能补货单，并将补货单及时推送到后仓的显示屏和补货员的手机上。同时，智能补货系统能够设置最小库存预警来触发补货。

例如，某商品起初的货架陈列量为 15，当其陈列量达到最低值 5 时，智能补货系统便会向补货员推送预警信息，尽可能地避免缺货现象。SandStar 视达智能补货系统代替了传统的人工补货模式，帮助商家更灵活地监控商品情况，在降低人工成本的同时，大幅提升了补货效率。

此外，借助于 AI 智慧销售大脑，智能补货系统能够随时洞察消费者需求变化，自动生成商品策略，使 SandStar 视达的总部管理者及时掌握商品需求等级，做出更加科学的决策，进而提升消费者体验，提升企业销售利润。

SandStar 视达通过数字技术避免了人工补货的信息偏差，降低了商品的滞销率和缺货率，使商品的供应量与市场需求尽可能地接近平衡，创造了数字零售新模式。

10.3.2　建立灵活的动态运输网

如今，大数据、互联网等技术和物流行业的融合程度更深，全球物流运输网络发生了新变革。很多企业都积极建立具有灵活性的动态运输网络，助力开启全新的物流数字化时代。

以上海先烁信息科技有限公司推出的运输管理云平台 oTMS 为例，该平台的核心系统是 oneTMS，是国内顶尖的运输管理云系统。其将货运环节中的制造商、承运商和收货方集中在同一平台，实现供应链的互联互通和物流运输的高效管理。

oneTMS 能够通过算法推荐与智能匹配技术，帮助货主找到符合业务特性的承运商。oneTMS 能够使货主自定义投标准入门槛，获得更精准的承运商。同时，平台数据的沉淀能够使承运商的画像更加清晰、透明，便于货主选择。相较于复杂的线下比价方式，oneTMS 可以使货主在线创建、分发价格文件，通过算法实现在线智能比价，提高招投标流程的科学性，从而打造一站式智能化运输服务平台。

此外，oneTMS 能够实现运输过程的信息透明化。司机能够借助车辆 GPS 或手机 GPS 及时在 oneTMS 系统上同步货物状态；客户能够通过 oneTMS 的网页端或手机端，实时追踪物流运输状态，获取真实的物流运输数据。同时，oneTMS 能够通过百度地图展示运单周期和路径，并提供预警（如迟到运单预警）管理，从而对货物承运商进行有效约束，使运输管理的全过程更加灵活、高效。

此外，货主和承运商能够通过订单类型、时间窗口等灵活的筛选条件一键生成账单，账单数据是基于电子合同执行情况自动匹配订单数据而生成的，任何异常费用、费用调整都会被记录并提示，以确保全流程的合规和透明。

oneTMS 的智慧动态运输网络借助移动互联网、智能算法和云计算技术，突破了传统线下运输模式的协同阻碍。oneTMS 使运输数据、运输过程更加透明，使动态运输网络更加灵活、多变。

10.3.3　将上下游企业打通

数字经济的发展，带动了很多行业中的企业加快数字化转型步伐。想要实现全方位的数字化转型，企业就要着眼于整个供应链的数字化，将上下游企业打通，整合供应链中的资源，与上下游企业协同发展。

在整条供应链中，任何企业与上下游企业都密不可分。供应链中包含"四流"，即商流、资金流、信息流、物流，这"四流"在整个供应链中流通。而企业进行数字化转型的关键是实现"三流合一"（信息流、物流、资金流的统一），因此，企业要想脱离上下游企业而独自实现数字化，显然较为困难。

以下是企业打通上下游企业、实现上下游协同发展的四个策略，如图 10.4 所示。

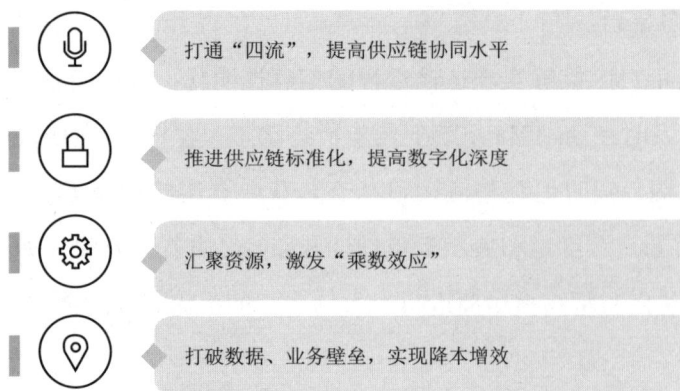

打通"四流"，提高供应链协同水平

推进供应链标准化，提高数字化深度

汇聚资源，激发"乘数效应"

打破数据、业务壁垒，实现降本增效

图 10.4 实现上下游协同发展的四个策略

1. 打通"四流"，提高供应链协同水平

企业应结合仓储、物流、配送等一系列服务，通过供应链系统整合资源，提升供应链一体化运作效率，全面实现商流、资金流、信息流、物流"四流合一"。此外，企业应借助前台和中台的敏捷配合，优化供应链系统全流程，以灵活应对复杂的商业环境。

2. 推进供应链标准化，提高数字化深度

企业应持续输出业务指标并规范供应链运作流程，推动供应链标准化。供应链能够为企业量身定制业务标准和业务分类体系，如材料分类、供应商分类标准等，让数据沉淀更精准。

3. 汇聚资源，激发"乘数效应"

企业可以建立供应链智能管理系统，连接更多外部场景、角色和服务；通过集中供应链数据、聚合资源实现资源量化管理，从而使供应链智能管理系统驱动企业生态势能增长，提升供应链管理效能。

4. 打破数据、业务壁垒，实现降本增效

在打破数据壁垒方面，企业在打造供应链平台时应规范数据标准，统一数据通道和数据口径，形成完整的数据画像。在打破业务壁垒方面，企业可

以将有共性的业务提取出来，整合为一项公共服务，使之运转效率更高、服务方式更便捷。

总之，企业应建立完善的供应链系统，将供应链上的各种资源充分整合，打通上下游企业，打造高水平的数字化供应链，实现供应链对数字化物流的赋能。

10.3.4　徐工：制定"云轨道"解决方案

徐工集团工程机械有限公司（以下简称"徐工"）是我国工程机械行业的领军企业，连续30多年保持业内领先地位，极具影响力和竞争力，在我国具有很高的战略地位。

徐工的装载机智能制造基地中设有一条由计算机程序控制的自动化装载传送轨道——"云轨道"。这条特设的"云轨道"可直通码头，完成物料接收工作。

"云轨道"会通过"云"发出数据，通过显示屏显示需要卸下来的货物。为了避免出现差错，轨道上有贴着条码的专用托盘。供应商只需要用扫码枪扫描托盘上面的条码，就可以将托盘与物料一对一绑定。物料通过云轨道运输到徐工的工厂里，物料进入工厂后，会有专门的转运系统进行转运，最终送到生产线上。

传统制造企业中经常发生领错物料的事情，原因可能有两个：一是员工对接时出现差错；二是新手员工不能轻易识别出相似物料。即使流程很严谨，也有可能出现大规模领错物料的事情，从而使企业遭受严重损失。

徐工的"云轨道"能有效避免领错物料事情的发生。当ERP系统中生成新的生产计划时，制造执行系统（manufacturing execution system，MES）会将其局部分解成多个物料配送清单。这样供应商就可以知道什么车间的什么生产环节需要什么物料。供应商接到配货指令后，会把不同的物料集合在一起，分别打上条码，直至扫描收货。

"云轨道"解决了传统制造企业很难解决的一个问题：按需配送。具体来说，因为需求是动态的，所以人很难甚至无法完成实时配送，"云轨道"则可以实时发出指令，完成按需配送。

第11章

数字医疗：
重塑传统医疗生态圈

随着数字经济的蓬勃发展，医疗行业经历了一场前所未有的变革。数字医疗作为这场变革的核心力量，以前所未有的速度重塑着传统的医疗生态圈。本章将从数字医疗进入发展关键期、数字医疗的表现和现代化医疗生态圈三大方面出发，详细讲解数字医疗给医疗行业带来的变革。

11.1 数字医疗进入发展关键期

医疗数字化转型已经成为医疗行业的发展趋势，数字医疗的规模不断增大。我国数字医疗已经进入发展关键期，具有弯道超车的产业基础和资本的大力支持，未来将拥有无限的发展空间与发展潜力。

11.1.1 具备弯道超车的产业基础

虽然数字医疗目前在整个医疗体系的占比相对较小，但是其发展潜力巨大，具有弯道超车的产业基础，具体体现在以下三个方面：

1. 新技术

在数字医疗领域有许多新技术涌现，如人工智能、大数据、云计算等，可以实现智能问诊。

借助强大的算法，人工智能可以迅速收集医学知识，并在此基础上进行深度学习。也就是说，人工智能可以对医学知识进行结构化或非结构化的处理，然后变身为一个"医学专家"。此外，人工智能还可以模拟医生的诊断思维，对患者进行科学诊断。大数据以及云计算能够大幅提高医生的诊断准确率，能够辅助医生更高效地完成工作。

随着人工智能技术渐趋成熟，视觉识别也取得了长足发展。如今，数字医疗设备不仅能够"听懂""读懂"人类的话语，还能够"看懂"人类的各种疾病。例如，医学影像识别设备就能"看懂"患者的病症，协助医生诊断，并为医生提供可供参考的解决方案。

国外开展辅助诊断业务的企业有很多，IBM 就是其中一个。IBM 旗下有一款非常强大的认知计算系统——Watson。依托于先进的人工智能技术，Watson 能够辅助医生诊断，为医生提供可供选择的治疗方案或治疗建议。

目前，Watson 能够支持 10 余种癌症的辅助诊疗，如直肠癌、肺癌、胃癌、肝癌等。它的辅助诊疗能力还在不断提升，预计在不远的将来，它将能够对 30 多种癌种进行辅助诊疗。

总之，Watson 让我们进入数字诊疗的新时代。借助人工智能技术以及海量的数据资源，Watson 能够有效提高医生的决策力，提高诊疗的准确性。相关数据显示，Watson 可以在 10 分钟内阅读 2 000 万份医学文献，帮助医生分析数据，并给出治疗方案。

2. 新场景

随着数字医疗的迅猛发展，医疗场景逐渐从医院转变为家里。国内已涌现出众多居家体检、检测以及线上诊断平台，家庭健康管理时代已经到来。

在这一趋势下，不少企业纷纷推出 AI 健康线上咨询服务。例如，2023 年 5 月，在线医疗健康服务提供商春雨医生推出了基于大模型的 AI 在线问诊应用"春雨慧问"，向用户免费开放。

作为互联网医疗在线问诊的先驱，春雨医生积累了丰富的医患问诊数据。基于此，春雨医生训练了医疗健康垂直领域的大模型，推出"春雨慧问"产品。

"春雨慧问"拥有春雨平台数十万执业医师的问诊经验，能够自然地与用户沟通，根据用户的描述、病史等了解病情，依据丰富的专业知识和病情数据为用户提供个性化的诊疗建议。在整个咨询过程中，真人医生只需要审核 AI 最终给出的建议即可，大幅提升了在线健康咨询的效率。

以往，春雨医生旗下的在线问诊服务具有 7×24 全天候服务、快速响应等优势。而"春雨慧问"产品的推出，进一步提升了春雨医生的医疗服务能力。用户可以打开手机随时提问、实时与医生互动。在提升交互体验的同时，"春雨慧问"还能够根据用户的咨询，给出详尽、系统化的回答。此外，"春雨慧问"还具有很多人性化的功能，如追问用户的身体状况、安抚用户的情绪、向用户推荐医院或医生、给出饮食建议等。

除了春雨医生外，一些 AI 科技公司、医院也推出了医疗健康咨询服务。这些 AI 在线问诊应用往往具备丰富的医疗知识，能够为用户提供专业、高效的健康咨询服务。同时，这些应用还能够做到快速响应，随时随地为用户提供服务。此外，在提升体验方面，不少 AI 在线问诊应用都有专属的虚拟形象，能够为用户提供人性化的关怀，体现出 AI 的温情。

随着数字医疗的发展，在线健康咨询将变得更加智能。或许在未来，每个人都能足不出户拥有属于自己的 AI 健康顾问，随时随地享受个性化的医疗健康服务。

3. 精细化运营

数字医疗为患者的精细化运营提供了有力支持。通过数字化手段，医院可以在患者问诊和住院期间实现全病程管理，覆盖看诊前、看诊中和看诊后各个环节。这种管理方式不仅有助于提升医疗服务的连贯性和效率，更能延伸医院对患者的服务价值链，进一步提升患者的就医体验。

数字医疗作为一个新兴产业，将医疗与数字技术完美结合，为患者带来更多福利。从新技术、新场景到精细化运营，数字医疗正全方位地革新医疗行业，引领其迈向新的发展阶段。

11.1.2　资本纷纷"盯"上数字医疗

在政策扶持、技术革新和市场需求变化的共同推动下，医疗行业积极拥抱数字技术，迈向数字医疗新时代。随着数字医疗蓬勃发展，众多企业纷纷涉足这一领域，涌现出一大批数字医疗企业。

1. 博思腾科技

博思腾科技是一家成立于 2017 年的企业，在 2019 年，便完成了 Pre-A 轮融资；2021 年，完成了融资规模接近亿元的 A 轮融资。博思腾科技专注于阿尔茨海默病的研发方向，利用人工智能技术提高筛查的准确度和效率，降低筛查成本。

2. 妙健康

妙健康是一家成立于 2015 年的线上健康管理平台，于 2016 年完成了 1 亿元的 A 轮融资，于 2019 年完成近 5 亿元的 C 轮融资。妙健康主要借助大数据与人工智能技术为用户提供个性化的健康管理和健康追踪服务，为用户提供个性化的健康解决方案。

3. 望里科技

望里科技成立于 2018 年，于 2021 年完成数千万美元的 A 轮融资。其专注于将人工智能技术应用于治疗精神疾病领域，进行了全面布局，拥有上万名患者的数据模型，并提出了相应的治疗方法。

除了初创企业不断涌入数字医疗行业，许多投资人也在紧盯这一领域。未来，随着企业的大力支持和市场需求的持续增长，数字医疗的发展前景将更加广阔。

11.1.3　产业主航道：医疗 + 医药 + 医保赋能

医疗行业存在各个部门独立运营，导致医改政策碎片化的问题。为了解决这些问题，医疗行业从医疗、医药和医保三个方面出发，对它们进行了有机整合，即"三医联动"，以实现医改的目标。

然而，尽管三医联动已经实施多年，但未达到预期效果。医疗、医药和医保三个部门之间存在职能交叉的情况。为了实现这三个部门的良性互动，医疗行业开始寻求数字医疗的解决方案。

数字医疗是医疗行业技术不断进步的产物。人工智能、云计算和大数据等新兴技术打破了传统医疗的限制，推动了数字医疗的发展，同时也为三医联动的真正落地带来了可能性。

以微医集团为例，经过多年的研究，其成功搭建了在线医疗云平台。通过这一平台，医院内部网络得以部署预约就诊前置服务器，能够实现医院内部网络与互联网数据的连接。微医集团还与地方政府共同建设互联网医院，实现了各类业务和数据上云，为众多患者带来便利。

数字医疗不仅提升了医疗、医药和医保三个场景的效率，更对它们进行了深度的融合。在医疗场景中，数字技术使得优质的医疗资源能够流向偏远的医疗机构，从而提升了基层医疗的服务能力。

在医药场景中，数字技术有效地连接了药厂和患者，减少了中间环节，避免中间商赚差价。同时，大数据能够收集患者的用药反馈，为药厂的新药研发提供宝贵的建议。

在医保场景中，数字技术实现了不同医院、不同时期患者检验记录的同步更新。这不仅提高了患者看诊的效率，还使得医生能够更有效地监控患者的病情发展。

总之，微医集团利用数字技术使得三医联动的紧密结合成为现实，推动各个部门工作效率和服务质量的提升。未来，在数字医疗的推动下，医疗、医药和医保将会形成更加紧密的关系，为患者提供更为全面、高效的服务。

11.2　数字医疗的表现

数字医疗的崛起为医疗行业带来了翻天覆地的变化，主要表现在医疗设备的智能化和自动化、医疗机构管理的智慧化、医疗服务的便利化三个方面。

11.2.1 医疗设备的智能化和自动化

医疗设备的智能化和自动化是数字医疗的重要表现之一，不仅能够提高医疗服务质量，还能够降低医疗成本，改善医患关系。

医疗设备智能化和自动化将会为医疗行业带来三个好处，如图 11.1 所示。

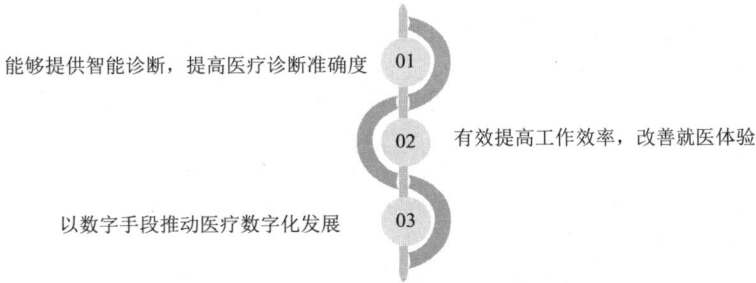

能够提供智能诊断，提高医疗诊断准确度　01

02　有效提高工作效率，改善就医体验

以数字手段推动医疗数字化发展　03

图 11.1　医疗设备智能化和自动化为医疗行业带来的好处

1. 能够提供智能诊断，提高医疗诊断准确度

智能医疗设备可以借助大数据、云计算等技术为医生的诊断提供更加准确的数据，帮助医生实现精准、高效诊断。例如，在影像诊断方面，医生可以借助智能影像诊断系统实现异常区域的自动检测，从而减少工作量，提高诊断效率。

2. 有效提高工作效率，改善就医体验

智能医疗设备显著提高了医生的工作效率，有效减少了患者的等待时间。这不仅为医疗机构节省了资源，更为患者带来了更为舒适、高效的诊疗体验。例如，通过引入数字排队系统，医院能提供更为智能的医疗咨询和挂号服务，使患者无须长时间等待，从而大幅提升了他们的满意度。

3. 以数字手段推动医疗数字化发展

借助数字技术，智能医疗设备不仅提高了医疗服务的效率和质量，更为医疗行业带来了深远的变革。它们推动着医疗行业朝着全面数字化的方向发展，使传统医疗模式逐渐向数字医疗转型。这不仅提升了医疗服务的便捷性和及时性，更为患者带来了前所未有的诊疗体验。

未来，随着数字技术的不断创新和应用，数字医疗将迎来更加广阔的发展空间。我们有理由相信，数字医疗将在未来为患者提供更优质的服务，为整个医疗行业注入新的活力。

11.2.2　医疗机构管理的智慧化

智慧医疗能够显著提高医疗机构的运营效率。下面以电子病历为例，阐明人工智能对智慧医疗的意义。

电子病历是一个储存库，里面汇集患者所有的健康数据。医生可以在其中查看患者所有的健康数据，这对指导医生用药具有很大的帮助。另外，在征得患者同意的前提下，电子病历可对外开放，给研究人员的研究提供帮助。

纸质病历保存不易、查找困难，智慧医疗的第一步就是将患者的纸质病历电子化。形成电子病历后，人工智能技术能够使电子病历有更多的应用空间和应用场景，如精准匹配临床试验的患者等。

在进行临床试验的过程中，最困难的步骤是将患者和临床试验进行匹配。造成这个困境的原因有很多，例如，医生的空余时间有限，很难获得实时更新的临床试验信息，无法向患者及时发布；大部分患者即使看到试验信息，因不清楚自身适合参加什么类型的临床试验而选择放弃等。电子病历出现以后，这些困境得到一定的缓解，但仍不能完美解决精准匹配患者和临床试验的问题。

美国 Mendel.ai 公司开发出一款针对临床试验招募的人工智能系统用以解决上述问题。患者在该系统中自行上传或委托医生上传电子病历，系统自动将患者的健康数据和录入的临床试验数据进行实时精准匹配，并实时刷新匹配结果。一旦匹配成功，系统会立刻通知患者参加临床试验。

在临床试验中，不同的试验组会有不同的入组标准，入组前的检查需要由人工完成。试验人员需要将招募的患者的情况和每一条入组标准进行对比，以明确患者能否入组。电子病历的出现使患者的数据提取变得更加容易，数据匹配工作的效率提高。Mendel.ai 公司负责人曾表示，这些试验数据每周都有更新，单靠人力进行数据匹配，根本不现实。

人工智能技术的出现使智能匹配临床试验数据成为可能。Mendel.ai 公司利用人工智能技术，在患者、医院、临床机构三者之间搭建沟通的桥梁，加速了医疗行业精准匹配临床试验的进程。

11.2.3　医疗服务的便利化

随着技术的发展，患者享受医疗服务越来越便利。在过去，患者去医院看病需要带着身份证或者医保卡才能进行缴费，而现在，患者可以利用"刷脸"享受医疗服务，医疗服务逐步走向便利化。

随着人脸识别技术的发展，人们在很多场景都可以"刷脸"解决问题，如"刷脸"打卡、"刷脸"支付等。而现在新出现的"刷脸"就医，让看病也可以摒弃那些烦琐的流程，实现更快捷、智能的就医。

"刷脸"就医的原理非常简单，即通过人脸识别技术采集信息，将绑定电子社保卡的个人支付账户与医院内部信息系统相关联，直接完成建档、分诊、挂号、医保结算等操作。

"刷脸"就医以电子医保全流程应用为载体，以医保电子凭证为媒介，实现了从卡结算到"刷脸"结算的转变。来医院就诊的患者即使身份证、现金、手机都没有带，也可以通过"刷脸"快速完成挂号、缴费等一系列操作。

"刷脸"就医不仅有效解决了患者忘带卡、不会使用手机等烦恼，缩短了就医时间，提升了患者的就医效率，还缓解了挂号、缴费、取药等窗口的排队压力，提升了医院的运转效率。

此外，患者在医保业务综合服务终端上"刷脸"后，终端会将信息通过市级医保专网逐级传输到省、国家医保电子凭证平台，患者的基本信息被回传至医疗机构后，生成就医凭证。当患者办理完所有在院的业务后，在终端上"刷脸"就可以自动与医保核心系统连通并完成就医结算。而且"刷脸"就医采用"实名＋实人"核验技术，从而保证个人信息和医保基金安全。

目前，"刷脸"就医模式已经在全国多家医疗机构推行，未来还将进一步普及，提升大众的就医体验。

11.3　现代化医疗生态圈

在数字医疗的推动下，一个先进的医疗生态圈正在逐步构建，全面带动了医疗行业各个领域的发展。特别是智能医学影像，其增长速度令人瞩目。同时，生成式 AI 的崛起也在不断推动医疗行业的升级，为患者提供更为完善、高效的医疗服务。

11.3.1　智能医学影像增长速度惊人

在 AI、大数据等先进技术的推动下，智能医学影像市场呈现出迅猛增长的态势。相较于传统的医学影像分析方式，智能医学影像在减轻医生工作负担、提高诊断准确率方面具有显著优势。医生借助智能医学影像技术，能够更快、更准确地解读医学影像，从而为患者提供更加精准、高效的医疗服务。这一技术的应用，不仅提高了医生的工作效率，也为患者带来了更为优质的诊疗体验。

例如，腾讯推出了以 AI 为基础的"腾讯觅影"，以减轻医生的工作负担。在最开始时，该产品只可以对食管癌进行早期筛查，现在已经可以对多种癌症，如乳腺癌、结肠癌、肺癌、胃癌等进行早期筛查。目前，已经有超过 100 家三甲医院成功引入"腾讯觅影"。

从临床上来看，"腾讯觅影"的敏感度已经超过了 85%，识别准确率达到 90%，特异度更是高达 99%。不仅如此，只需要几秒钟的时间，"腾讯觅影"就可以帮医生"看"一张影像图。在这一过程中，"腾讯觅影"不仅可以自动识别并定位疾病根源，还会提醒医生对可疑影像图进行复审。"腾讯觅影"提高胃肠癌早诊早治率。

可见，"腾讯觅影"有利于帮助医生更好地对疾病进行预测和判断，从而提高医生的工作效率，减少医疗资源的浪费。更重要的是，"腾讯觅影"还可以总结、积累之前的经验，提升医生治疗癌症等疾病的能力。

很多企业都在积极布局智能医疗领域，但不是有了成千上万的影像图就能做出正确的疾病诊断，而是要依靠高质量、高标准的医学素材。在全产业链合作方面，"腾讯觅影"已经与多家三甲医院合作建立了智能医学实验室，而那些具有丰富经验的医生和人工智能专家也联合起来，共同推进人工智能在医疗领域的真正落地。

目前，AI 需要攻克的最大难点就是从辅助诊断到应用于精准医疗。例如，宫颈癌筛查的刮片如果采样没有采好，最后很可能会误诊。采用人工智能技术之后，就可以对整个刮片进行分析，从而迅速、准确地判断是不是宫颈癌。

通过"腾讯觅影"的案例我们可以知道，在影像识别方面，AI 已经发挥出了强大作用。未来，更多的医院将引入 AI 技术、设备，这样不仅可以提升医院的自动化、智能化程度，还可以提升医生的诊断效率以及患者的诊疗体验。

11.3.2 生成式 AI 推动医疗升级

生成式 AI 是一种具备文本、音频等多模态生成能力的模型或技术。这种技术能够广泛应用于多个领域，在医疗行业中展现出巨大的发展潜力。医疗行业拥有丰富的高质量数据资源，为生成式 AI 的持续升级提供了有力支持。

同时，生成式 AI 在医疗领域的应用将进一步推动医疗技术的升级，实现医疗行业的数字化转型。

以复旦大学附属华山医院为例，其联合一家技术公司搭建 AI 模型。模型搭建成功后，将应用于医院的就医导诊、医院内部知识库构建、辅助医生书写电子病历等场景。AI 背后的很多技术架构都是开源的，依托 Transformer 的开源框架，该技术公司可以帮助医院搭建内部系统的模型，并根据医院具体的应用场景来训练这些模型。

医院内部的 AI 模型只基于医院内部的数据进行训练，在医院内部使用，具有一定的壁垒。只有那些拥有丰富医疗资源和学科优势的大型研究型医院，才具备训练出高价值 AI 模型的条件。这表明并非所有医院都适合搭建 AI 模型。

生成式 AI 在医疗领域具有多个落地场景。首先，它可以与医院智能客服相结合，提升智能客服的服务能力，减轻医院的导诊压力。基于强大的 AI 算法，生成式 AI 能够提高智能客服对导诊问题的回答准确率，为患者提供更高效、准确的导诊服务。

此外，生成式 AI 也可以应用于临床诊疗，为医生的决策提供辅助。然而，这种应用较为复杂，需要针对不同的病症建立完善的数据库。这意味着生成式 AI 在临床诊疗中的应用需要经历一个长期的建设过程。

未来，生成式 AI 有望成为医院的智慧"大脑"，为医生的科研、临床诊断、治疗等提供有力支持。然而，医生也必须意识到生成式 AI 存在犯错的风险，因此在使用过程中应保持谨慎。在医院中应用生成式 AI，应从风险较小的领域，如就医导诊、健康科普等开始，然后再逐步扩大其应用范围。

11.3.3　提供更加完善的医疗服务

ChatGPT 作为一款聊天机器人，能够作为 AI 客服应用于医院，为患者答疑，有效提高患者的就医体验。在 ChatGPT 的助力下，医疗客服的智能性大幅提升，这主要体现在三个方面，如图 11.2 所示。

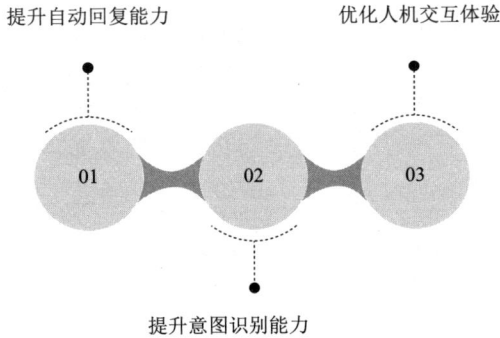

提升自动回复能力　　　　　　　　　优化人机交互体验

01　　　02　　　03

提升意图识别能力

图 11.2　ChatGPT 对医疗 AI 客服的赋能

1. 提升自动回复能力

AI 大模型的能力来源对数据的大量训练。持续的数据训练能够不断提升 AI 大模型的语义理解能力和自然语言生成能力。基于已经训练成熟的 GPT-4 大模型，ChatGPT 可以提升医疗 AI 客服的理解能力和反应能力，深度理解用户的提问并准确、快速地响应，提升用户的咨询体验和满意度。

2. 提升意图识别能力

医疗 AI 客服能否处理复杂的问题，关键在于其对用户意图的识别是否准确。当前，医疗 AI 客服对于用户意图的理解比较薄弱，只能处理一些简单、重复、流程性的咨询工作，复杂的、需要情感关怀的咨询工作则由人工完成。

ChatGPT 与医疗 AI 客服的结合提供了新的解决方案。ChatGPT 可以对文本、语音、图像等数据进行综合分析，更准确地识别用户的意图。凭借 ChatGPT 的赋能，医疗 AI 客服能够基于与用户的历史对话、当前的沟通情景等，更准确地识别出用户的意图。同时，基于 ChatGPT 具备的深度学习能力，医疗 AI 客服能够进行智能化的问答推荐，提升自身在健康问题咨询、医院业务咨询、服务应答等环节的服务质量。

3. 优化人机交互体验

当前，医疗 AI 客服在处理问题时的应变能力较差。一旦用户的问题超出知识库的范畴，或者超出了预设流程，医疗 AI 客服就难以应对。而 ChatGPT 可以很好地解决以上问题。基于 ChatGPT 强大的知识库和内容生成能力，医疗 AI 客服能够避免千篇一律的机械式问答，实现更加智能的个性化回答。

同时，基于 ChatGPT 的赋能，医疗 AI 客服还能够提供专业的医疗健康建议、对沟通记录进行标记、智能推荐医疗产品与服务等，以更加人性化的方式与用户沟通。

在线下医院场景中，接入 ChatGPT 的医疗 AI 客服可以作为医生的助手，分担医生的部分工作，减轻医生的工作压力。例如，在诊前，医疗 AI 客服能够获取患者的基础信息，分诊到对应的专科医生；在诊中，医疗 AI 客服可以介入医生与患者的对话，抓取其中的关键信息并生成回复文案，为医生回复问题提供参考；在诊后，医疗 AI 客服能够帮助医生整理患者信息，生成电子病历。

总之，ChatGPT 能够从多方面提升医疗 AI 客服的能力，助力其提供完善的医疗咨询服务，提升患者的就医体验。

第 12 章

数字内容：
给予内容产业无限可能

数字技术和文化产业相结合，催生了数字内容产业。数字内容产业是一种技术密集、知识密集、劳动密集的产业，是数字技术的重要落地场景和应用领域。数字内容产业给内容产业带来了新的发展可能性，并反向驱动技术发展，为各行各业进行数字化转型提供动力。

12.1 AIGC：内容产业的转型动力

AIGC 是继 PGC、UGC 之后的一种新的内容生产方式，基于人工智能技术进行内容生产，实现内容生产数字化、智能化，能够推动内容产业实现数字化转型升级。但是，随着 AIGC 的发展，其在监管方面逐渐暴露出一些问题，亟待被解决。

12.1.1 思考：什么是 AIGC

随着人工智能领域的自然语言处理、预训练大模型、多模态交互等技术的发展，内容生产方式发生了变革，利用人工智能生成内容的新型内容生产方式——AIGC 诞生。

AIGC 能够应用于多个领域，包括写作、绘画、作曲等。AIGC 的优势在于，能够在保证质量的前提下提升内容创作效率、内容创意度和内容生产力。AIGC 火爆的原因在于，其满足了用户对智能化内容生产方式的期待，满足了用户对高效、高质量的内容的需求。

如今，AIGC 发展得如火如荼，但在最初，让 AI 学会创作绝非一件易事。起初，科学家将这一领域称为生成式 AI，主要研究方向为智能文本创建、智能图像创建、智能视频创建等多模态。生成式 AI 基于小模型，这种小模型需要通过标准的数据训练才能够被应用于解决特定场景的任务。因此，生成式 AI 的通用性比较差，难以被迁移。

同时，生成式 AI 需要依靠人工调整参数，因此很快被基于强算法、大数据的大模型取代。基于大模型的生成式 AI 不需要人工调整参数或者只需要少量调整，可以迁移到多种任务场景中。其中，生成对抗网络是 AIGC 基于大模型生成内容的早期重要尝试。

生成对抗网络能够利用判别器和生成器的对抗关系生成各种形态的内容，基于大模型的 AIGC 应用逐渐涌现在市场中。直到聊天机器人程序 ChatGPT 出现，AIGC 才真正实现商业化落地。

从本质上来说，AIGC 是一种生产力的变革，其对内容生产力的提升主要体现在以下三个方面：

（1）AIGC 减少了内容创作中的重复性工作，提升了内容生产效率和内容的质量。

（2）AIGC 将创作与创意分离，使创作者能够在 AI 生成的内容中获得思路和灵感。

（3）AIGC 综合了大量训练数据和模型，拓展了内容创新的边界，帮助创作者生产出更加独特的内容。

AIGC 符合技术应用和时代发展的趋势，在 AIGC 的驱动下，智能创作时代来临。AIGC 将成为智能生产领域的重量级新角色。

12.1.2 AIGC 带来的内容产业变革

AIGC 重塑了内容生产方式，给内容产业带来前所未有的变革。

1. AIGC 成为新型的数字内容生产基础设施，能够构建数字内容生产与交互的新范式

当前，AI 在内容生产领域逐渐渗透，不仅在文字生成、图片生成等领域有"类人"的表现，还基于大模型训练展示出强大的创作潜能。

AIGC 满足了消费者对多元化数字内容的需求。随着数字内容消费结构升级，视频类数字内容的市场规模持续增加，短视频和直播流行。这使得深受用户欢迎的视频内容变成一种源源不断产出的"快消品"。

2. AIGC 在内容生成方面具有巨大优势，促进内容消费市场更加繁荣

一方面，AIGC 可以智能生成海量高质量内容；另一方面，AIGC 能够丰富数字内容的多样性。AI 模型不仅可以生成文字、图片、视频等多种内容，还可以衍生出不同的内容创作风格。例如，AI 模型可以创作出写实风格、抽象风格的画作，创作出现实风格、超现实风格的视频等。

3. AIGC 将成为 3D 互联网建设的重要工具

随着技术的升级，互联网将从平面走向立体，而 AIGC 将加速 3D 互联网的实现。AIGC 将为 3D 创作赋能，提升 3D 虚拟场景搭建、3D 形象创作的效能。

4. 智能聊天机器人和虚拟数字人催生了新的用户交互形式，给用户带来了全新的交互体验

AIGC 降低了虚拟数字人的制作门槛，用户可以借助 AIGC 智能生成超写实的虚拟数字人。AIGC 可以提高虚拟数字人的识别感知、分析决策等能力，使其神情、动作更似真人。例如，社交媒体应用程序 Snapchat 基于 OpenAI 的语言模型，在 2023 年 2 月上线了聊天机器人"My AI"，向用户提供智能对话服务。

AIGC 应用场景广泛，带来了一场新的内容生产变革，为用户的内容创作打开了更加广阔的想象空间。

12.1.3　不可忽视的 AIGC 监管问题

AIGC 应用具有强大的内容生成能力，能够为很多行业的数字化转型赋能。但是，其在为各个行业提供便利的同时，也会引发用户数据被滥用、用户隐私被泄露、生成虚假内容等问题。因此，AIGC 监管迫在眉睫，需要对 AIGC 应用做出规范。

2023 年 4 月，国家互联网信息办公室发布了《生成式人工智能服务管理办法（征求意见稿）》（以下简称《征求意见稿》），面向社会公开征求对 AIGC

监管的相关意见。《征求意见稿》的发布体现了我国对 AIGC 应用治理问题的重视，开启了我国对 AIGC 产业的监管之路。

《征求意见稿》对生成式人工智能服务提出了多项规范措施，监管重点主要有三个，如图 12.1 所示。

图 12.1　监管重点

1. 注重安全评估和算法备案

《征求意见稿》中规定，相关主体通过 AIGC 产品向用户提供服务之前，应按照《具有舆论属性或社会动员能力的互联网信息服务安全评估规定》中的相关规定向国家网信部门申请安全评估，并按照《互联网信息服务算法推荐管理规定》中的要求进行算法备案。

2. 产品提供者应承担主体监管责任

《征求意见稿》中提出，AIGC 产品提供者需要对算法、模型、内容合规、数据安全、信息保护等承担相应的责任，做好风险控制，确保技术向善。这就要求 AIGC 产品提供者需要关注技术的最终应用成果，并对此负有法律责任。

3. 产品提供者应对训练数据负责

《征求意见稿》中规定，AIGC 产品提供者应对用于产品预训练、产品优化升级的数据的合法性负责。具体来说，这对 AIGC 产品提供者提出了两个要求：一是要求 AIGC 产品提供者要对数据来源的合法性负责；二是要求 AIGC 产品提供者只能使用合法、真实的数据进行产品预训练，要从数据源入手确保 AIGC 产品生成的内容真实、准确、合法。

《征求意见稿》的发布表明我国正在制定 AIGC 监管方面的标准，这能够为知识产权侵权、个人信息安全、数据泄露等问题提供有效的解决方案。随着监管政策的完善，AIGC 监管将能平衡 AIGC 未来发展和面临的风险之间的关系，保障 AIGC 产业蓬勃发展。

12.1.4　窥探从业者的 AIGC 野心

一直以来，马斯克都对人工智能持有很高的热情，但同时，他也有一些担忧。马斯克曾参与创办 OpenAI，后来退出；他也曾与一些专家、科学家签署联名信，呼吁 OpenAI 停止开发比 GPT-4 大模型能力更强大的大模型。但这些举动并不意味着马斯克对人工智能领域看好的态度发生了变化。

相反，马斯克正在暗中推进一个 AIGC 项目。为了推动这个项目发展，他抢购了大量 GPU，据知情人透露，马斯克购买大量 GPU 主要是为了开发一个大语言模型。而大语言模型训练所需的海量数据，则由马斯克旗下的一家公司提供。该公司成立于 2006 年，在十几年的发展中积累了海量数据，因此具有进入大模型领域的绝佳条件和资源。

相关专家预测，该公司有可能将自己研发的大语言模型应用在两个方面：一是将大语言模型用于提高搜索功能的准确性和智能性，为用户提供更便捷、高效的服务；二是将大语言模型用于提升广告营销效果，因为自从马斯克接手该公司并调整了一些政策，其吸引广告主的能力下滑。

马斯克还从 DeepMind 公司聘请了两位工程师。其中一位是高级工程师，曾参与 AlphaGo、AlphaStar 等项目；另一位是软件工程师，曾负责 DeepMind Lab 平台的研发工作。这两位工程师加入马斯克的团队后，负责推进 AIGC

项目。

虽然马斯克没有公开其 AIGC 项目的研发情况和进展，但是从相关消息中，我们可以看出其对 AIGC 的兴趣和野心。马斯克的 AIGC 项目会产出什么成果目前还未可知，但是可以肯定的是，一定能够推动 AIGC 产业向前发展。

12.2 数字内容的创意来源

内容创作需要创意，数字内容创作也不例外。数字内容创作所需素材的来源很多，从生产方式上划分，有 PGC、UGC、MGC 等来源；从内容所属领域来划分，有文学、艺术等来源。素材来源多种多样，推动数字内容生态繁荣发展。

12.2.1 来源分类：PGC+UGC+MGC

随着 AIGC 的发展，数字内容的规模不断扩大，产业生态更加繁荣。AIGC 应用进行内容生产需要基于大量数据进行预训练，那么这些数据来自哪里呢？答案是 PGC、UGC 和 MGC。

1. PGC

PGC（professional generated content），即专业生产内容。在 PGC 模式下，内容创作与发布的主体是专家或专业的内容生产者。他们通过专业的方式将信息整合在一起，信息具备很高的质量和专业度。浏览器、搜索引擎和门户网站是 PGC 模式下的主流产品，如亚马逊的互联网电影资料库、雅虎的综合指南网站等都是 PGC 的典型代表。

2. UGC

UGC（user generated content），即用户生成内容。在 UGC 模式下，用户从内容消费者转变为内容创作者，可以充分释放自身的创造力；专业性不再是内容创作的门槛，非专业人士也能够创作出大众喜闻乐见的内容。例如，在微博、微信等社交平台上，用户能够通过图文、视频等形式记录、分享自己的生活，同时可以了解他人的生活；在快手、抖音等自媒体平台上，用户能够通过短视频创作的形式获取关注和流量，还能够实现流量获益。

3. MGC

MGC（machine generated content），即机器生产内容。MGC 基于人工智能技术，通过摄像头、传感器等设备获取视频、图片、数据，然后借助图像识别、视频识别等技术使机器具备内容理解和信息价值判断的能力。依托于大数据技术，机器可以将新的内容和已有的数据关联起来，对语义进行重排，从而智能化生产出内容。

例如，新华社发布的首条 MGC 视频是由"媒体大脑"视频智能生成平台中的"2410"平台创作的。它凭借摄像头和传感器采集信息，判断信息价值后决定新闻内容创作的角度，然后将相关素材整合、自动审核后智能生成视频内容。

未来，AIGC 进行数字内容创作将会有更多的数据来源，数字内容的形态和内涵会更加丰富，生态会更加繁荣。

12.2.2 从文学、艺术等领域找灵感

创作数字内容也需要灵感。那么，灵感从何而来呢？创作者在借助 AIGC 应用进行创作时，可以从文学、艺术等领域寻找灵感。

1. 文学

以海马轻帆为例，剧本创作者登录海马轻帆网站，进入创作平台的"智能写作"界面，将小说内容复制粘贴至"小说转剧本"的文本框中，便能够

一键生成或转换剧本格式。海马轻帆的这一功能将小说语言重新分析、拆解、整合，组成对白、场景、动作等视听元素相结合的剧本内容，大幅提升了剧本改编的效率。

海马轻帆还上线了角色戏量统计、一键调整剧本格式、剧本智能评估、短剧分场脚本导出、海量创作灵感素材库等功能。其中，角色戏量统计能够智能识别剧本中的角色，对角色的戏量进行整理和归纳；一键调整剧本格式功能支持多种剧本格式自由切换。

剧本智能评估功能面向内容创作者和开发者，对网络电影、院线电影、网剧、电视剧等剧本内容进行数据分析。剧本智能评估功能还可以智能生成剧情曲线，并展示剧情冲突的高低起伏，分析剧情整体布局和发展节奏的合理性。

2. 艺术

创作者借助 AIGC 应用创作数字内容，还可以从艺术领域挖掘灵感。例如，在歌曲创作方面，2023 年 1 月，谷歌发布了 AI 内容生成领域的新模型——MusicLM。MusicLM 能够在复杂的场景中根据文字自动生成音乐，并且曲风多样。例如，根据"迷失在太空中""唤起一种惊奇和敬畏的感觉"等文字，MusicLM 能生成对应风格的音乐。

MusicLM 还支持根据图像生成音乐，世界名作《星空》《格尔尼卡》《呐喊》《记忆的永恒》等都可以作为生成音乐的素材，这是 AI 音乐生成领域的一大突破。

想要创作出优秀的数字内容，创作者就可以尝试从文学、艺术等领域中寻找创意和灵感，实现数字技术和创意、灵感的完美融合。

12.2.3 中文在线：持续夯实数字内容基础

2023 年 8 月，北京中文在线文化传媒有限公司（以下简称"中文在线"）发布 2023 年半年报。2023 年上半年，中文在线的营业收入为 6.51 亿元，同比增长 34.54%。

半年报显示，2023 年上半年，中文在线持续夯实数字内容基础，通过"全品类平台 + 垂类平台"的方式，打造全方位发展的内容平台矩阵。同时，兼顾内容的全面性和独特性，中文在线构建了新的内容生态。

中文在线从多个方面入手布局数字内容产业，以数字内容生产、IP 衍生、知识产权保护等为核心，以"夯实内容，服务产业，决胜 IP，双轮驱动"为发展战略，不断在数字内容领域探索，推动数字技术与内容创作融合。

例如，中文在线以文学 IP 为核心，不断向下延伸进行 IP 衍生开发，致力于打造网文连载和 IP 衍生开发同步的数字内容生产模式。高质量的网文 IP 可以被开发成动漫、影视剧、游戏、文创产品等形态的内容，实现优质 IP 全模态开发，充分挖掘优质 IP 价值，升级 IP 衍生链条。

中文在线还积极拓展数字内容销售渠道。除了通过向 C 端用户直接提供高质量内容收费这一销售方式外，中文在线还与头部阅读平台、三大运营商、手机厂商等合作，拓展数字内容分销渠道。

中文在线在 2023 年上半年收购了国产著名 IP"罗小黑"，加快 IP 矩阵扩张步伐。中文在线将利用"罗小黑"IP 的优势和巨大的流量，进行 IP 商业化实践，释放"罗小黑"IP 的价值。

此外，中文在线还积极进行技术研发，不断提升自身在数字内容智能生成、多模态 IP 衍生方面的技术能力。未来，中文在线将继续在数字内容领域深耕，推出更多 AI 多模态产品。

12.3　如何从数字内容产业中脱颖而出

数字内容具有巨大的价值，能够与很多领域融合发展，因此这一领域中聚集了众多玩家。如何从激烈的竞争中脱颖而出，推出备受人们喜爱的数字内容呢？答案是开发超级 IP、培养品牌思维、升级为平台型企业、抓住在线教育市场的红利。

12.3.1 开发超级 IP：游戏＋影视＋展览

2022 年 11 月，新华社旗下的中国经济信息社公布了《2022 新华·文化产业 IP 价值综合榜 TOP50》榜单。入选榜单的原生游戏 IP 只有 5 个，《王者荣耀》是其中之一，在整个榜单中位列第 3 名，是唯一一个进入榜单前 10 名的游戏 IP。

《王者荣耀》之所以能够取得这样的成就，是因为它已经发展成为一个超级 IP，具有强大的 IP 感知力、IP 传播力、IP 开发力和 IP 拓展力。《王者荣耀》超级 IP 涵盖很多领域，如游戏、影视、展览等。

1. 游戏

《王者荣耀》本身就是一款竞技对抗类手游，它一直在强化游戏中的世界观，不断充实游戏剧情和英雄背景故事，搭建完善的游戏世界故事框架。同时，《王者荣耀》还在开发更多新的游戏 IP。例如，在 2023 年 10 月举行的"2023 共创之夜"直播中，《王者荣耀》曝光了 6 分钟全新的《王者荣耀世界》游戏的实机 PV（游戏宣传视频），还以表演赛的形式展示了《星之破晓》游戏的玩法、画面等内容。

2. 影视

在影视方面，《王者荣耀》推出了一部官方国产动画《是王者啊？》，两部同人动画《王者？别闹！》和《峡谷重案组》。而相关电视剧《你是我的荣耀》一经播出就引起热议，多次冲上微博热搜榜。此外，《王者荣耀》还以游戏内容作为剧本杀素材，推出专属剧本"不夜长安·机关诡"，给玩家带来一个云谲波诡的悬疑世界。

在音乐方面，《王者荣耀》二创音乐作品《百战成诗》在 2020 年一经发布就成为玩家心中的"封神"之作。即便到了2023年，其热度依然不减，B站上相关视频的弹幕层层堆叠，显示其超高热度。

3. 展览

2023年7月，以"王者荣耀一起乐开花"为主题的展览在深圳前海壹方城举办。展览场地以王者峡谷为原型，打造了一个花开峡谷的场景。场地中还有8米高的"鲁班七号"英雄雕像，吸引玩家纷纷前来拍照留念。

此次展览是"2023深圳购物季"系列促消费活动的预热活动，点燃了深圳市民的消费热情，带动经济增长，开拓了游戏与全民消费相结合的全新经济增长路径。

《王者荣耀》超级IP具有强大的生命力，未来，其IP矩阵将不断拓展，与更多领域融合，强化IP内核。

12.3.2　培养品牌思维，自成品牌

数字内容产业蓬勃发展，领域中聚集众多玩家。想要从中脱颖而出，展现自身的独特价值，企业就要有品牌思维，打造自己的品牌。

敦煌石窟具有丰富的艺术价值、历史价值和文化价值，但是经过岁月的洗礼，石窟壁画面临褪色、脱落等问题。为了永久留存敦煌石窟中蕴含的文化内容，敦煌研究院打造了"数字敦煌"开放素材库，约6 500份来自石窟遗址、敦煌藏经洞中文献的数字档案面向全球游客开放。

如今，"数字敦煌"已经发展成为一个面向全球传播敦煌文化的知名品牌，石窟、文物等在数字技术的助力下"插上翅膀"，"飞"向世界各地。2023年4月，沉浸式线上博物馆"数字藏经洞"上线，游客可以通过"云游敦煌"小程序进入高清还原的藏经洞，近距离欣赏壁画、彩塑等文物，获得拟真的游览体验。

此外，敦煌研究院还在新媒体平台上推出《敦煌岁时节令》《和光敦煌》《一事一生·一人一窟》《字在敦煌》等数字媒体品牌，向公众传播敦煌动画

等数字文创项目。

敦煌研究院还积极探索数字文创，致力于打造国潮 IP。例如，2022 年 6月，敦煌画院与 H 艺术空间联合推出了"敦煌众神，今在宇宙"敦煌宇宙系列、"仙乐飞天，穿越而来"敦煌仙乐系列数字藏品。

敦煌画院还以发扬敦煌文化为使命，打造了"不可思议的敦煌"国潮 IP，与众多品牌展开合作。例如，"不可思议的敦煌"与新中式糕点品牌"泸溪河"推出了联名糕点；与"三联中读"推出以九色鹿为主题的会员年卡和文创礼盒；与"感映艺术"合作，推出"敦煌神兽奇妙日"展会，更多用户可以观赏到敦煌神兽。

"不可思议的敦煌"国潮 IP 以传播敦煌经典文化为根本使命，和食品、图书等多个领域的品牌展开合作，向年轻用户传播敦煌文化，构造出敦煌文化产业图谱，实现商业价值与文化输出的共赢。

12.3.3　升级为平台型企业

百度是一家在 AI 领域深耕多年的互联网巨头，在 AIGC 火热的当下，其在这一领域不断发力，逐渐升级为平台型企业，抢占更多的市场份额。

百度于 2019 年 3 月推出预训练大模型——"文心"，并在通用大模型的基础上不断深入发展，搭建行业 AI 基础设施。基于"文心"大模型，百度推出了多款 AIGC 产品，"文心一言"和"文心一格"都是其中的典型代表。

1."文心一言"

2023 年 3 月，百度正式发布大语言模型——"文心一言"，并在发布会上展示了其在文学创作、商业文案创作、数理推算、中文理解、多模态生成等方面的应用能力。"文心一言"具备一定的思维能力，能够完成数学推演、逻辑推理等工作。对于一些逻辑问题，"文心一言"能够理解题意，通过正确的解题思路逐步算出答案。

2."文心一格"

"文心一格"是百度基于"文心"大模型在文本生成图像领域推出的 AI 艺术和创意辅助平台,具备领先的 AI 绘画能力。在"文心一格"的官网中,创作者只需要输入自己想要创作的画作主题和风格,便能够得到一幅 AI 生成的画作。"文心一格"支持油画、水彩、动漫、写实、国风等风格的高清画作在线生成,还支持定制多种画面尺寸。

"文心一格"上线了二次元、中国风等艺术风格,丰富了 AI 绘画风格的多样性。此外,"文心一格"还上线了全新的创作平台,并增添了智能推荐功能,创作者只需要在平台上输入简短的画作描述,即可得到一幅精美、优质的画作。

未来,随着"文心"大模型的不断迭代和发展,"文心一言"和"文心一格"等产品将快速迭代,平台功能将不断拓展,在更多应用场景落地。文心大模型是推动 AIGC 发展的强大引擎,助力内容生成领域不断创新发展。

12.3.4 抓住在线教育市场的红利

AIGC 产出的内容具有智能性、创造性、多样性,而在线教育对课堂的互动性和教学内容的垂直度有一定的要求,因此二者有着一定的契合性。

许多企业聚焦 AIGC 技术与在线教育的融合,不断探索,推动 AIGC 在教学辅导、个性化教学方面实现突破。例如,王道科技是一家在线教育技术企业,计划推出一款以 AIGC 技术为基础的 Class Bot 产品,帮助学校打造在线学习课程,并以自适应学习的模式提升学生的线上学习效率。

王道科技研发的产品 Class Bot 是一个学习辅助工具,主要有三个功能:自动生课、智能助教和自适应学习。这些功能能够为在线教育提供助力,包括课程准备、自主学习、智能助教和智能测评等。

Class Bot 将自动生课作为重点功能。自动生课功能采用了 AIGC 同源技术,可以将内部学习材料与网上的学习资料整合,标注出学习要点,自动生成课程提纲和测评试卷。同时，Class Bot 配有智能助教，起到班主任的作用，可以为学生答疑，记录学生的学习进度；批改学生的试卷，评估学生的学习效果。

在自适应学习方面，学生能够实现个性化学习，对个人学习笔记进行管理，根据自己设定的学习进度完成课程。课程学习效果较好的同学可以提前学习课程，学习效果较差的同学可以反复巩固，学习更加高效和精确。王道科技计划在 Class Bot 产品研发完成后，采取 Saas 模式对它进行推广。

AIGC 技术在教育行业的市场前景广阔，未来将会有更多的资金与人才流入，推动教育行业发生巨大变革。AIGC 技术应用于教育教学将成为常态。